Christian Saalberg
IN DER DRITTEN MINUTE
DER MORGENRÖTE

Ausgewählte Gedichte

Herausgegeben von Mirko Bonné
und Viola Rusche

Mit einem Nachwort
von Jürgen Brôcan

Schöffling & Co.

Gefördert vom DEUTSCHEN LITERATURFONDS E. V.

Erste Auflage 2019
© Schöffling & Co. Verlagsbuchhandlung GmbH,
Frankfurt am Main 2019
Alle Rechte vorbehalten
Satz: Fotosatz Amann, Memmingen
Druck & Bindung: Pustet, Regensburg
ISBN 978-3-89561-016-5

www.schoeffling.de
www.christian-saalberg.de

I
(1963–1987)

REGENPFEIFERLIED

Bald kommt die Zeit, wo der Regen beginnt,
Keiner entkommt ihm mehr.
Es erhebt sich der Fluß und die Stadt versinkt
Verregnet, verwaschen und leer.

Bald kommt die Zeit, wo der Damm aufbricht,
Es steht keine Leiter im Wind.
Es löscht die Flut dein Gedächtnis aus
Wenn der Regen erst rinnt.

Bald kommt die Zeit, wo die Sonne erlischt,
Schon schimmelt das Licht im Meer,
Wenn der Mond aufsteigt und die Stunde verfliegt
Hinter dem Kranich her.

Bald kommt die Zeit, wo auch du ertrinkst,
Schon lockt dich der Kiebitz ins Moor.
Deine Haut zerfällt und dein Name zerrinnt,
Fische durchschwimmen das Tor.

Doch wehre dich nicht, wenn es ist soweit,
Es hilft dir kein Alibi mehr,
Wenn der Regen erst rinnt und dein Herz versinkt
Verregnet, verwaschen und leer.

VERSPRECHEN

Ein Wort, das deine Lippen fand
Geborgen aus dem Schweigen,
Ein Bote aus dem Niemandsland
Aus dem die Sterne steigen,

Das wie ein Traum die Nacht verbrennt,
Nur mir und dir zu eigen:
Ein Wort, das deinen Namen nennt,
Wird uns den Morgen zeigen.

STENOGRAMM

Zeit des großen Trecks:
Der Ostwind macht Quartier.
Als Flüchtling stellen sich ein
Krähen, Frost und dünne Luft.

Fluchend verrammeln
Die Wirtsleute das Tor.
Draußen wehrt sich der Herbst
Mit Feuer und Rauch.

Doch bald hißt jedes Haus
Die weiße Fahne,
Und man stellt den Gästen
Eisblumen ins Fenster.

Mit klammen Fingern
Buchstabiere ich
Die Krähenschrift:
Es wird Winter.

WEIHNACHTEN

Zertrümmert wurde einst das Tor der Nacht,
Ein Stern verhielt den Gang der Finsternis.
Das Licht, das einst den neuen Tag verhieß,
Hat heute mir den Rosenzweig entfacht.

In dieser Nacht betrete ich ein Land
Auf dem der Schnee wie ein Versprechen liegt.
Ich seh die Spur, die durch das Schweigen zieht,
Es fällt der Stern mir in die offne Hand.

Ich geh den Weg, den mir die Stille wies –
Von nun an wird es leiser wenn es schneit.
Ich trete durch das Tor der Finsternis –

Von nun an trägt die Nacht ein Sternenkleid.
Ich seh in jedem Stundenglas den Riß
Und weiß, es zählt die unsichtbare Zeit.

SPIEGELGEDICHT

Klopf an und tritt in diesen Spiegel ein.
Den Vorhang bauscht mit fremder Hand ein Wind.
Die Stunden brennen auf, was je ersinnt
Die Zeit. Dein Gang verhallt im Nachtgestein.

Zerteil die Luft, die gläsern dich umschließt.
Die Schritte gehen leicht, du spürst sie kaum.
Die Dinge reden zu dir wie im Traum
Und sagen, was du warst und was du bist.

In eines webt sich jedes Zwiegeschick.
Die Liebe reicht versöhnt dem Tod die Hand
Und beiden ist dein Herz ein Unterpfand.

Mit wachen Augen kehrt der Schlaf zurück.
Als Blinder trittst du in den Spiegel ein,
Doch bald wirst du von ihm geblendet sein.

VERWELLENGRUND

Hier der Priel, dort mein Haus. Dazwischen Deich und Wehr.
Vermarkt das Land, vermessen die Gezeit.
Mit einem Federstrich hat sie entzweit
Der Horizont: geschieden sind Himmel und Meer.

Man sagt, daß einst der Schwedenkönig hier kampiert.
Brennt deshalb heut die Heide hier so rot?
Was gehts mich an. Der Wind steht gut, mein Boot
Ist klar. Noch heute werden die Netze gefiert.

Verstaut sind Kompaß, Segeltuch und Zwirn.
Ich weiß, daß überm Bottsand steht der Kabeljau.
Doch weiß ich auch, daß sich verfängt im Sternverhau

Der Tag, wenn aus dem Wendekreis tritt das Gestirn.
Wie wird der Fischzug sein und wer bemißt die Fracht
Wenn durch die Netze rinnt die fadentiefe Nacht?

SAALBERGER SOMMER

I

Da steht es wieder, hornissenbewehrt
Und unentwirrbar, die Lenden berankt
Und strömend im Wind,
Gehäuft die Lippen mit Schlaf
Und verfallen meiner Zärtlichkeit,
Wittrig und versinkend im Stein,
Gelitten von Schatten und Laub.

II

Ferne Stunden stäuben am Gesims,
Gürten das Jahr mit ihrer Spreu,
Rüsten mein Wort mit Vergänglichkeit.
Der Tod fällt leise ein
Und geht mit Schattenfingern durch das Laub.
Ich betaste die entrückte Wand,
Das brüchige Wort im Gestein.
Lodernd brennt mein Gedächtnis auf.

III

Gestrüpp bewuchert die Zinken
Und auf den Wegen türmt sich die Nacht.
Unter der Halde wird verhüttet der Tag,
Schürft der Walenbruder
Mitternächtlich das venedische Gold.
Doch der Himmel ist ein Kelch aus Böhmen.
Über den Kamm ergießt er
Schäumend sein Blau ins Tal.

IV

Hinter Wall und Staketen nistet
Unberührbar der Sommer, meine Geliebte,
Hütet mein Wort das Schweigen ein.
Weiß und immergrün steht das Haus,
Gesäumt von der strömenden Zeit,
Gelassen auf blättrigem Grund.
Saalberg. Das soll dein Name sein.

HOLIDAY IN HUNTERS INN

I

Undeutliches Schlagen von Türen, Gerede, Schemen
Out of Doors. Hinter Glas der Terror,
Die Silhouette des Windes.
Jemand kramt in seinem Gedächtnis,
Zieht mit den Fingern
Langsam die Linien nach.
Erinnerst du dich?

II

Ja, die Gegend rührt sich
Und die Hügel krümmen den Rücken.
Über der Schlucht hängt im Gestein das Licht.
Du siehst es, wie es seine Finger krallt,
Wie es gleitet, den Halt verliert,
Jählings in die Tiefe stürzt.
Im verwilderten Grund fangen den Hitzkopf
Die Montbretien auf. Da liegt er in ihren Armen.
Seht, wie die Schönen erblühn.

III

Laßt uns anlegen die Leitern
Und erklimmen die Balustraden
Und nach dem Rechten sehen,
Eh sich übers Dach der Morgen schwingt
Und den Töchtern in die Mansarden steigt.
Schon wenden sich ihre Spiegel dem Liebsten zu
Und ihre Träume mißachten die Verborgenheit,
Ziehen heiter und gelaunt am Himmel auf,
Bereit zu jedem Rendezvous.

IV

Draußen sind die Kulissenschieber am Werk.
Mit einem Kraftakt stemmt der Tag
Die Klippen auseinander
Und auf der Bühne erscheint der Heddon,
Stürzt sich vor unseren Augen
Kopfüber ins Meer.
Tosend brandet der Beifall auf.

V

Vor dem frisch getünchten Horizont
Zieht wie am Schnürchen das Postschiff vorbei,
Stampft von Clovelly nach Land's End.
Lachend steht der Leichtmatrose am Heck,
Flicht dem Steamer einen falschen Zopf,
Schaufelt den Schönen an Land
Das Strandgut über Bord.

HAMPSTEAD, KEATS HOUSE

Was soll ich sagen

Über dieses Haus, um das schon so lange, weitläufig
Und mit zerstreuten Gedanken, die Stille wuchert
Und das verwilderte Licht, mit seinen Treppen und
Gängen, auf denen die Stimme des Schweigens lastet
Und tönt aus verwittertem Mund, der langen Flucht
Und jener blauen Wand, die kein Verlangen mehr zu stillen
Vermag und vor der nun die Stunde verhält
Und sich den Sand vom Ärmel streift wie ein Gedächtnis,
Dessen Mal hinter den Türen windet und stäubt

Und über diesen Garten, dieses matte Grün, das dem
Tag im Auge verschwimmt, die vielen Daffodils,
Über deren Vergänglichkeit nun die Magnolie wacht
Und sich neigt, das Gatter und Fannys Weg,
Den ihr Fuß genetzt und den doch nur, fern an der
Spanischen Treppe, heimgeholt und geerntet hat der Tod

Diesen Garten, der meine Blicke immer wieder zum
Scheitern bringt und wendet und bedeckt wie ein weißes
Feld, das mir nun vor Augen steht und mir die Bilder
Entwirrt und wieder in die Netzhaut treibt, eingängig
Und ohne Beschwer, von wo sie fallen wie Schnee

Und über mich, der ich hier stehe, bedrängt und ohne
Zehrung im reglosen Wind, in der zerklüfteten Luft,
Die ihre Wimpern senkt und es geschehen läßt,
Wenn über ihr der Himmel seltsam stürmt und an sich
Reißt alles Blau, dessen Dünung nun über die Wasser geht
Und seinen Namen tränkt und seine Lippen füllt
Mit dem Ohnewort der Unendlichkeit.

OKTOBERLAND, FEUERLAND

Oktoberland, Feuerland.
Mit roter Lunte legt der Fuchs
Den Brand in den reisigen Busch
Und die Häher zünden schreiend die Wälder an.
Der Holzknecht karrt aus den Tannen den Rauch,
Schwärzt dem Monat das Köhlergesicht.
Kinderzeit, Drachenzeit.
Im Himmel der Lerchen verfliegen sie ihr Glück,
Lichten wie Montgolfieren ihr leichtes Gepäck.
Auf den Feldern schwelt der Abend im Kartoffelkraut.
Listig wechselt der Fuchs seinen Balg.
Wie ein Landstreicher kriecht der Wind ins Laub,
Stochert im blättrigen Grund,
Holt sich die Kastanien aus dem Feuer.

ERINNERUNG AN VALÉRY

Le vent se lève!
... Il faut tenter de vivre!

Was ist geblieben
von den unaufhörlichen Tumulten,
dem Aufruhr und den Rankünen
in den Hallen des Lichts,
diesen Sonnen und Meridianen ohne Zahl,
deren Wahrheit einst die Gärten entflammt
und in deren Netzen sich jetzt
der Reisende verstrickt, wenn er gerädert
und in den Speichen des Windes
die Lande des Abends befährt und die
Nacht, die schon die Brücken verbrennt
und den Fährmann in die Arme der Flüsse treibt,
auf daß schiffbar werde die Finsternis

Welche Bewandtnis hat es mit diesem Atelier,
dieser beharrlichen Figur, der Stätte
und dem Standbild der Melancholie,
dieser Fremden, deren Blick
die Schatten zerstreut und auf deren Haut
die Schönheit ihre Wunden zeigt
und die sich nun aufs neue sammelt
und ihre Arme winkelt und hebt,
die Laufbahn der Stunden zu beugen
und ihr Gedächtnis zu ebnen
den Wegen der Unendlichkeit

Nun sehe auch ich,
wie vor ihren Augen die Tapete reißt
und sichtbar wird die steingewordene Tyrannei,
deren Fassade nur ein Vorwand ist
und deren Fenster eine Ausflucht
und an deren Mauern lehnen
die leeren Gerüste des Lichts

Doch in den Memoiren der Stille
ergeht sich noch immer die halkyonische Zeit
und dem Jäger stockt auf der Sehne der Pfeil
zweimal sieben Tage,
da die Amme den Eisvogel nährt,
bevor der Wind sich erhebt.

Der Wind erhebt sich ...
            Laßt uns versuchen zu leben.

DAS SCHLOSS VOR HUSUM

I

Draußen die Landschaft,
die du nicht halten kannst,
wenn sie deinen Blicken entflieht
und deren Sog dich schwindeln läßt,
wäre nicht der Deich und drüben,
wie eine Stange im Priel,
der Kirchturm von Hattstedt,
windschief auch er und ein Hirte
den Schafen, die der Himmel
über Koog und Wehlen treibt.

II

Im Rücken die Stadt,
eine Hallig aus Stein im grünen Meer.
Bei Ebbe der kleine Hafen im Schlick,
aufgesetzte Kutter, die Takelage
mit Möwen beflaggt.
Nicht weit um die Ecke Storm,
der wieder in der Wasserreihe wohnt.
Mittwinter könnt ihr sehen,
wie ein Kind durch die Gasse rennt
zur Lena Wies im Langenharm.

Zwischen Wasserreih und Schloß
Ist die Finsternis gar groß.
Durch den Totengang zum Klostergrund,
in dessen Teppich einst
die Grauen Brüder den Krokus gewebt.
Zu Ostern steht er auf, überschwemmt den Park,
brandet gegen das Mauerwerk.
Dann recken sich die Löwen am Portal
und der Hasel sieht verwundert zu
wie das Schloß im lila Meer versinkt.

REVOLUTION IN LÜTJENBURG

I

Morgens um diese Zeit
ist bei uns die Welt
noch keineswegs in Ordnung.

Die Hausbesetzer rücken an,
machen kurzen Prozeß,
setzen der Nacht
das Gerümpel vor die Tür.

Jetzt versperrt es dir den Weg.
Du kommst nur tastend voran
und wenn du dich versiehst
wirft es die Städter im Schlaf.

II

Am Horizont erscheint
eine Fata Morgana.

Die Reederei des Windes
geht der Sache auf den Grund
und schickt eine Barkasse aus.
Dies das Telegramm:

Unter der Flagge des Morgenrots
durchbricht ein Feuerschiff
die Blockade der Nacht,
die Magna Carta der Winde
als Freibrief an Bord,
die gleißenden Segel in den Himmel gehißt:

Die MAYFLOWER des Lichts.

III

Wenn die Sonne in die Toppen steigt,
regt sich die Probstei:
Von allen Seiten tauchen Partisanen auf,
erstürmen den Hessenstein,
entrollen vom Turm ihr rotes Tuch.

In der Stadt streunen sie durch die Gassen,
lautlos, geduckt,
die geschliffene Klinge in der Hand.
Lauern an den Häuserecken
den Schatten auf, setzen am Wehr
ganze Häuserzeilen in Brand.

Dann steigt auf die Barrikaden
mit der Fahne der Freiheit das Licht.

IV

In den Vierteln der Bürger
regen sich die Kollaborateure.
Heimlich entriegeln sie das Tor,
hängen aus den Fenstern
ein weißes Tuch.

Der Amaker Markt, das Deichtor,
ganze Stadtteile ergeben sich.
Im Hof bei Brüchmann
exekutiert das Licht
die letzte Gegenwehr.

Erst jetzt,
erst jetzt ist unsere kleine Stadt
wieder im Reinen.

LE CHÂTEAU EN ESPAGNE

Leider geht der Umgang mit Luftschlössern
merklich zurück. Neuerdings bevorzugen
die Leute das platte Land
oder die Starrköpfigkeit der Berge.
Dabei sind die Freudenfeuer in den Wolken
jedermann sichtbar. Auch ist das Terrain
dort oben so gefestigt,
daß Schwindelfreiheit nicht vonnöten.

Leicht und ohne Beschwernis
ist das Leben in den Lüften.
In den Sälen und Kemenaten tummelt sich
das reine Licht und an den Tafeln
haben einst Unsterbliche gespeist.
Heute sind nur noch Flügelwesen
wie Christian Saalberg dort zuhaus.
Doch ihre Erleuchtungen sind unbezahlbar.
Auch sind die Pyrenäen besser zu übersehen
von oben.

DER GROSSE MITTAG

Ermüdungserscheinungen
im Garten,
nicht zu übersehen.
Erschöpft vom Tageslauf
legt sich das Licht auf den Rasen,
streckt die Glieder, ruht sich aus.
Besucher fallen in Trance.
Sogar die ansässigen Blumen
lassen die Köpfe hängen.

Das Klavier fühlt sich stark
für eine Bagatelle. Machtlos
die Verandatür: die Töne
sind nicht mehr zu halten.
Unerwarteter Zusammenstoß im Dorf:
Der Kirchturm wehrt sich,
teilt zwölf Schläge aus.

Betroffene Stille. Der Mittag,
dieser Hypnotiseur, betrachtet
zufrieden sein Werk.

BETRACHTUNGEN ÜBER EINIGE
LUFT-, NATUR- UND HIMMELSKÖRPER

Gelegentlich sehe ich aus dem Fenster.

Vor allem betrachte ich den Wind.
 Es wundert mich, daß er mir Zeichen macht,
  den Hut lüftet, waghalsige Unternehmungen
  an Bäumen vollführt. Was will er damit sagen?
   Manchmal preßt er sein Gesicht an die Scheiben.
   Wir sehen uns an, seine Lippen bewegen sich,
   doch wir können uns nicht verstehen.

Dann der Knöterich, dieser Firlefanz.
 Klettert doch tatsächlich vom Dach,
  läßt sich kopfüber fallen und hält sich
  mit einer Hand an der Rinne fest, nur um
  zu sehen, was ich darinnen treibe.
   Ist dieser Aufwand nicht ein bißchen viel,
   da wir uns kaum etwas zu sagen haben?

Manchmal, nachts, hängt über Pichlers Haus
 ein Gebilde von Max Ernst, sieht aus
  wie der Mond, dieser alte Patriot der Nacht.
   Was rollt er über die Dächer, wo er
    nichts zu suchen hat und nur die Katzen stört?
    Auch ich kann auf ihn verzichten, es steht schon
    alles über ihn (von Claudius bis Benn)
    in einer diesbezüglichen Anthologie.

Und dennoch. Man sagt,
 die Welt sei voller Rätsel.
  Ich werde darüber nachdenken. Hinter
   den Gardinen.

DAS HAUS DER ZÖLLNER

Unter der Maske des Blitzes, diesem
Freund der Ordnung, der so heiter
die Treppen steigt, der wie ein Élégant
sein Tuch zu schlagen weiß und nach
den Spuren tupft, den Knospen
des Blutes im Schnee,
die nun umranken das Monogramm
DIESES UNAUSROTTBARE M,
DER ANFANG DES WORTES MÉMOIRE
das auf seinen einsamen Wegen
den Mörder bedroht und wie
eine Brücke ragt über den Fluß,
in den sich der Schläfer stürzt,
brennenden Leibs, wenn im Haus der Zöllner
das Eis in den Fenstern klirrt
und der nächtliche Terror die Etage räumt
und weichen muß der Herrschaft des Lichts.

SCHLESISCHES HIMMELREICH

I

Die Luft ist mit Spiegeln verhängt
und unentwirrbar der Vogelflug.
Am Mühlteich hinterm Wasserwald
nistet die Stille im Rohr.
Hier in der Nähe hat sich
der alte Woitschach ertränkt.
Seine schwere Zunge wühlt noch immer
die Schwarze Weide auf, die voll Finsternis
ihr kaltes Wasser durch das Röhricht schwemmt.
Dem Salamander erstarrt das Gebein, wenn
vom Himmel der Schatten des Habichts fällt.
Hinterm Gut verläuft sich der Weg.
Doch unter den Tannen hörst du es flüstern,
als ob sich schon bereden
künftige Feuer und Rauch.

II

Wer ist es, der wie Ceres
die Summe des Sommers zieht,
den Rauch auf den Feldern wanken läßt,
so daß schwer zu deuten sind
Vogelflug und Wolkenflucht?
Wie kommt es, daß der Himmel sich,
die Hand im Weidengezweig,
übers Ufer beugt
und es ihm graut vor dem Geheiß,
das die Flüsse in die Ferne treibt
und sie hasten läßt vor dem,
der mit dem Messer ihre Adern schlitzt
und ihr Blut gerinnen läßt?

III

Wer verbirgt sich am Wegesrain,
läßt durch seine Hand rieseln den Mohn,
auf daß der Herbst sich beugt
und die Speise der Toten dich nährt?
Bist du es, der sich im Gestöber erhebt
und die Vögel flüchten läßt mit wirrem Schrei?
Ich spüre deine Hand, wenn die Luft sich ballt,
den Himmel die Finsternis verdirbt,
und ich sehe dein Werk, der du
die kalten Brände entfachst,
bis weiß aus den Schatten die Asche sinkt
und sich auf den Tafeln häuft,
an denen Hein und Hippe zu Gast.

ABEND AM WESTENSEE

Entends, ma chère, entends la douce Nuit qui marche!
(Charles Baudelaire)

I

Eingedenk der legendären Niederlage der Sonne
bei SAN ROMANO und der rätselvollen Umstände
ihres Verschwindens auf den Feldern von Strohbrück,
der offenen Käfige und trunkenen Flügel, dem Rauch,
der aus den Nestern steigt und die Schreie der
Vögel erstickt, der bedrohlichen Umtriebe des
Wassers in den Schleusen, all dieser Zeugen und
Stifter des Aufruhrs, der jetzt den Westensee
heimsucht, ihn verwüstet und seine Spiegel zerschlägt,
dieser Wirrnis, die auch nicht haltmacht vor dem
Abend, der sich, schon umnachtet, aus dem Fenster
stürzt, verhaftet und verfallen der Finsternis …

Eingedenk der Mauern am Horizont, der
PILGERBURG, hinter der sich wer weiß wer
verschanzt, wie das Wappentier nicht gewillt
zu weichen dem Gestirn, dieses vogelfreien
Windes, der den Flüchtling jagt und dessen
Verhau die Wolken zerfetzt und dessen Triumph
der süßen Gewohnheit des Tages ein blutiges
Ende setzt, derweil der Fronherr die Lohburg
erstürmt und den Stein aus dem Graben liest
und den Mond wie besessen schleudert
mitten in das Antlitz der Nacht ...

III

Angesichts dieser Offenbarungen, der Nachricht
vom Tode des Lichts, die wie ein Lauffeuer
durch die Lande geht und auf den Wiesen
die Feuerblumen erblühen läßt, der Schildwachen
vor den Wäldern, aus denen der düstere Gesang
der Vögel ertönt und ihr bedrohlicher Schlag,
bereiten die Herren von Rodenis auch euch
ein Scherbengericht, Apostel der Schatten,
die ihr die Finsternis vermeßt
und das Rauschen der Pappeln nicht hört
und es nicht seht
              dieses Rauschen, dieses Licht
              im Herzen der Nacht.

DIE GOLDENE SPUR

Und wieder Abendland, Niemandsland.
Durchdrungen von Finsternis stehen die
Wälder da. Schattige Vögel nisten im
Dämmergezweig, flüstern sich zu.
Die Nacht kommt ins Gerede. Von langer
Hand vorbereitet dieser Abfall vom Licht,
die Konversion der Schatten. Marodeure
plündern die Wolken und eine rote Kugel
reißt im Fall den Abend mit. Auch sein Reich
ist nicht von dieser Welt. Unbegreiflich auch
dies: das viele Blut, der zerschlissene
Himmel, all die Scherben auf dem See, auf dem
leuchtet und dir vorangeht eine goldene Spur.

DAMALS, NACH DEM GROSSEN BEBEN

Damals, nach dem großen Beben
im Gebälk der Lüfte, als sich
am Himmel die ersten Risse zeigten
und die Wolken brennend herniederfielen
und die Augen der Welt zur Umkehr zwangen,
erwachte die alte Sehnsucht dort draußen
im Meer, der Sonne zu folgen und sich
fallen zu lassen in ihr Herz.

Seitdem dieses Nicht-Ruhen und Nicht-Rasten,
dieser unaufhörliche Aufbruch, mit dem
die Flut sogar die Schläfer behelligt,
dieses Strömen über unser Herz.

DES KÖNIGS REITERSCHAR

Auf, *laßt uns die Fallen der Liebe stellen*,
der Liebe Fallen, wie der Gimpel dort im Zweig,
dieser Winkelried, der die Strahlen der Wintersonne
bündelt auf seine blutbefleckte Brust.

Laßt uns die Ebenen meiden, die *Stätten der kleinen
Verkündigung*, deren Litanei nur die Sonnen zur Raserei
treibt und uns gefügig macht den Wünschen der Winde,
dieser selbstgefälligen Herrn, denen es beliebt,
die Wolken von ihren Terrassen zu fegen und sich mit
Vögeln zu bewerfen.

Laßt uns im Feuer der Schüsse aus den Rosen in
das Dunkel flüchten, die Wagenburg der Schatten,
damit das Verborgene sichtbar und das Sichtbare
verborgen werde, wenn draußen der Abend, durchsiebt
von den Salven, niedergestreckt und auf den Anger
geworfen wird, auch er eine Beute der Finsternis.

Laßt uns die Hoffnung setzen und wagen die Fahrt.
Die Nacht, so vieler Sterne Fuhrmann, schirrt auch
uns den Wagen an und der Sämann bestellt schon das
Land, *der Fluren Laub und Blütenstaub*, über die
am Morgen die Feuerlilien ziehn, des *Königs Reiterschar*.

Laßt unsre Liebe einfach und alltäglich werden,
frisch wie der Atem des Wassers und voll ruhiger
Klarheit, der Frühe gleich, die auf den Feldern
ihr Tagewerk mit einem Leuchten beginnt.

SINDBAD IM WATTENMEER

Süderoog-Sand. Ich ziehe
mein Boot an Land,
klimme der Aussicht wegen
die Bake hoch.

Sehe mit Erstaunen, wie sich
die Halligen formieren, eine nach
der anderen, und den Dampfern folgen
auf ihrem Ausflug von Büsum
nach Helgoland.

Dann gehen meine Blicke über
das Watt. Auch das Meer scheint
zu verschwinden, macht sich
auf meine Kosten
irgendwo einen schönen Tag.

Sitze hier auf dem Trockenen.
Abends im Pharisäerkrug
lege ich los, wettere gegen
diese verkehrte Welt.

DAS POLTERN DER GESPANNE auf dem
Ernteboden. Der Himmel verlesen,
eingefahren wie der Sommer. Inmitten
der Malven, die nicht sterben wollen,
das Altern der Stille.

Der Abzählvers der Kinder, über
denen weiße Blätter schweben, weither.
Gesichter, befahren von Schiffen,
die den Anker lichten. Die Welt
wieder ein flüssiges Meer.

ACH, DU BIST ES. Ich hatte lange auf
dich gewartet, damals im Weichselland,
bei den Hocken am Fluß. Du gingst durchs
Getreide. Ich sah dich kommen, sah
den Mohn auf deiner Spur. An der Kehle
trug ich, daß wir uns nicht verfehlen,
dein Mal. Wie leicht hätten wir uns
finden können!

Jetzt kenne ich dich nicht mehr.
Du mußt mir schon die Feder aus der
Hand schlagen, ehe ich sie gegen
dich erhebe, Tod, und einen Strich
durch deinen Namen ziehe.

DAS WEITE SUCHEN

I

Als ich jüngst auf Erden weilte und zwischen den
Steinen Ausschau hielt nach den Gebeten der Feldhüter,
Schaumkronen, die der Wind über die Hügel trug,
scheuchte ich hinterm Dorf die Mandelbäume auf.
Da fiel mir ein, daß ihr Blühen eine Antwort sei
und ich behielt meine Frage für mich.

Ich hörte sie noch lange reden. Später, unter den
Herkulessäulen, als der Schlaf sich zu mir beugte,
gingen sie leise weg. Es kam der Abend, einen
Spiegel in der Hand. Die Wolken färbten sich
und auf den Stufen des Meeres raffte schon die Nacht
ihr Gewand. Ach, was gibt es da noch zu reden von
Gott, der dieses Land so sanft berührt?

Als ich jüngst einen Stein in Händen hielt, ein
Eiland im tropfenden Licht, blaute über mir der
Himmel, Schatten einer weiten Ewigkeit, und erfüllte
mit seiner Tiefe das Meer. Ich sah den Hafen, den
weißen Kai, die bunten Boote, die wie Segelfalter
schwebten über lichtem Grund.

In den Bergen das Kloster, von Pinien versteckt.
Gemäuer, in denen die Stille haust: ein letzter
Eremit, der sich nicht vertreiben läßt. Auf der
Ikonenwand bereiten noch immer die Engel den Thron,
eilen zur Himmlischen Liturgie, die uns zu vergessen
scheint. Im Hof ein Pilger, der Olivenbaum. Demütig
empfängt er das Licht, ein leises Glück, Zehrung
für den weiten Weg.

Was soll ich da noch sagen über den Wind, der von
den Bergen und vom Meer her und vom Himmel kommt
und in mir diese Freudenfeuer entfacht?

Als jüngst die Nacht vom Berge stieg, eine
Nacht, die wie ein Pfauenschrei nach mir griff,
warf ich den Mond in den Himmel und öffnete
meinem Herzen das Tor. Ich sah, wie es hinunterging
an den Strand. In der Kapelle sangen sie
die weiße Vigil, doch ich hörte nur das Rauschen
der Sterne, dieser vielen Kiesel, die Gott auf
seinen Wegen verstreut.

Ich trat zur Palme, die an der Mauer lehnte zu
kurzer Rast. Sie wies auf das Meer, das so ruhelos
naht, so unaufhörlich das Weite sucht. Später,
als sie gegangen waren, der Baum, der Mond und
selbst das Minarett, verschwunden wie alles in
der Nacht, konnte ich niemanden mehr nach der Liebe
fragen, der Tochter des Zitronenbaums, der Schwalbe,
die sich verflogen hatte in meiner Brust.

IV

Als ich jüngst über den Himmel zog, einen
verlassenen Himmel, heim in die Fremde, schob ich
die Wolken beiseite, um noch einmal die Insel zu
sehen, die Wälder voller Duft, jenes Kastell, das
der Thymian erstürmt. Er war schneller gewesen
als ich. Dort am Hain stellte ich mich den Stunden
in den Weg und rief gegen sie die Zikaden auf.
Wie gut hatten sie mir die Zeit vertrieben.

Ach, wohin fahren wir, aller Lande verwiesen, ein
Traumbuch in der Hand? Es war die Rede vom Wind,
dem alten Wind. Ich sehe, wie er über die Wiese kommt,
die sich duckt, wie er die Vögel über die Hecken wirft.
Seine Wellen eilen auf mich zu und mein Herz erbebt.
Halte stand, mein Herz, kralle dich mit allen Wurzeln
fest, wenn es um dich braust.

So stehen Tote auf, fachen uns zu neuem Leben an.

DER TISCH, DIE FEDER, gelegentlich
ein Wort. Findlinge, ausgeackert
oder einfach vom Himmel gefallen.
Ihr langer Schatten auf dem Papier.

Der Regen in Banden, ein schmaler Weg in
den Herbst, die Schrecken der Erinnerung.
Zu Allerseelen Pfaffenhütchen, aber auch
viel beiläufiges Laub und das Funkeln
der Melancholie.

Ein Steingarten für den Winter.

EIN SOMMER NACH MASS

Komm, Liebste, werfen wir dem Sommer die Fenster
ein und rücken die Vasen zurecht, in denen die
Verträumtheit so gerne ruht, jene weißen Wölkchen
hier im Zimmer, in das ich trete, viele Tage
im Koffer und mit deinem Lächeln wohlversorgt.

Richten wir uns ein. Der Wind bleibt im Schrank
und auch der Regen kommt mir nicht auf den Tisch.
Dagegen scheint die Sonne brauchbar.
Prüfend nehme ich sie zur Hand.
Ich weiß schon, ihre Strahlen biege ich zurecht,
baue dir daraus ein himmlisches Bett.
In die Töpfe säen wir Bäume ein, der
Schatten wegen (wenn der Wald lästig wird, stellen
wir ihn einfach vor die Tür). Fehlt noch etwas? Ach ja,
der Pirol. Fang mir sein Lied, ich häng es dir als
Kettchen um den Hals.

Und nun zu dir, meine Liebe. Breite deine Schätze
aus. Ich grabe deinen Garten schon um, pflüge die
Veilchen, lege auch Serpentinen zu den Hügeln, damit
ich dein Reich besser überblicken kann.

Es wäre doch gelacht, wenn das keinen Sommer gibt.
Ein Sommer nach Maß.

SEI STILL, ES KÖNNTE DIE NACHT, ES KÖNNTE DER MORGEN SEIN

Sie kommen, sie gehen,
sie schlendern, sie tänzeln.
Vom Tod hat niemand gehört.
(Michel de Montaigne)

I

Die Zeitalter des Lächelns und der Seufzer
sind vertan, zwei kurze Minuten, und mehr als
die halbe der Liebe hat uns keiner gegönnt.
Grenzenlos und voll bewegender Ewigkeit ist
nur das Meer. Seine Toten mißachten die Zeit,
richten sie mit ihrem Maß, decken den Tisch
mit einem Kreidetuch. Uns lädt kein Vergessen
ein. Mit dunklen Augen sehen wir den Wellen zu,
flüchtigen Toten, die schon im Sterben auferstehn,
eins mit der wogenden Zeit.

Dunkle Flüsse treten zutage. Sie betten auf
das Land, machen es urbar für den HADES von
nebenan, wo kein Schatten mehr den andren kennt
und selbst der Tod im Finstern tappt. Die
Gestelle an der Wand. Brüchig und voll Einsturz
auch die Gewitter, ihr nicht endenwollender Tod.
Der Statthalter geht hinunter in die Kasematten
und sieht nach den Wundern. Sie toben hinter
den Stäben. Winddurchsiebt wie er ist, wird auch
er ihre Krankheit nicht heilen können.

III

Kein Wasser, keine Brücke, nur das Knirschen der
Sterne, wenn der Frost durch die Wälder geht. Die
Finsternis lauert ihm auf. Sie taucht sein Herz
in das Eis und läßt es brennen, eine Finsternis,
die ihren Hunger stillt. Die Gerippe der Bäume im
Schnee, eine Beinstatt für den Wind, dem der Wind
durch die Rippen fegt. Durch die Steppe sieht man
die Wagen ziehn. Aus den Speichen züngeln Flammen.
Sie setzen die Dörfer in Brand. So fahren sie
ihre Garben in den Morgen ein.

IV

Und dann, wenn alles vorüber, das Meer, über dem
sich eine kalte Blüte öffnet, scharlachrot, die
morgenstarre Einsamkeit. Sie ist weithin sichtbar,
eine feste Burg, die wir gemörtelt haben bis auf
den Grund. Ihre Mauern sind nicht auf Sand gebaut.
Vor ihnen scheitern sie alle, der halbe Wind, der
um die Luken streicht, das Licht, das wie besessen
die Steine berennt und sich die Glieder zerschlägt,
die vielen Sonnen, die vor unseren Augen wie die
Mücken tanzen: *sie kommen und gehen, sie schlendern
und tänzeln*, ein Schwarm, der im Nu verfliegt.

DIE GÄRTEN DES EPIKUR

I

Es müßte schön sein, noch einmal seine Gärten zu
sehen, nachmittags, wenn die Nebensonnen blinken.
Ob es die Beete wohl noch gibt, Wandelgang so vieler
Blumen und ein Serail der stillen Lust, die rechts
und links vom Weg so unaufdringlich blüht? Mit den
Blumen läßt sich gut reden. Ich würde sie fragen,
woher ihre Ruhe kommt und was es mit ihrer Heiterkeit
auf sich hat, die so glänzt wie draußen das
weißliche Meer.

II

Ob es wohl die alten Bäume noch gibt, *geschüttelt*
vom Anhauch der Winde und wehend im vollen Gezweig,
das weiß blinkt unter den Blüten? Vielleicht sind
sie geflüchtet, ausgewandert in eine dieser vielen
Welten oder halten sich nur verborgen. Ich kann
mir denken, daß sie manchmal noch die alten Wege
gehen. Bei den Statuen bleiben sie stehen, am
Rondeau vor den Göttern. Das Geschäft dieser Welt,
ein mühsames Regiment. Die Götter. Sie taten gut
daran, der Erde den Rücken zu kehren.

Vielleicht gibt es auch noch den Tod. Er liebte
die Gärten und fühlte sich wohl in ihrem Hain.
Hier unter den Oliven hegte keiner einen Verdacht
gegen ihn und er war keinem Fürsten untertan.
Mag sein, er lehnt noch immer an einem Baum
(einem Gefährten, der so alt wie er) und hängt
seinen Gedanken nach. *Der stiebende Fall, das
Unbenennbare.* Es ist damals so vieles offengeblieben.
Wir haben es nicht mehr entwirrt.

IV

Wo die Freunde wohl geblieben sind, die sich
einst hier trafen und so vertraut beieinanderstanden,
so selbstverständlich wie Vogelherzen
im Wind? Das Zeitliche und Ewige, sie spannten
es noch unter einen Bogen und verkehrten mit dem
Abendleuchten und der Weite des Meeres, kosteten
das Glück, mehr als den einen Tropfen, der an
unserem Fenster vorüberrauscht. Das Gebüsch
meiner Fragen. Hier wäre es verdorrt.

aus: SCHÖNER GUADALQUIVIR

(I–XII)

Kannst du mir sagen, ob wir
Lebende sind oder Tote?
(Francisco de Quevedo)

I

In SEVILLA wirft man Ketten in den Fluß, legt
in Eisen seinen schlanken Leib. Ein *schöner*
Gefangener, den man vergebens über die Berge
entführt. Ihr meint, sie seien fest, und doch
gehen sie vorüber wie der Wind, machen den Wolken
Platz, treten beiseite vor dem Reiter im Fluß.
Er reißt den Sand von den Wegen, bis das Feuchte
wieder aus den Wunden quillt und durchreitet den
Stein, bis die Wellen schäumen. Er teilt seinen
Mantel und hüllt den Fluß in ein unverwesliches
Kleid, macht ihn unverwundbar für den Pfeil:
Ohne sie zu ritzen, durchschlägt er die Haut
und fliegt durch ein leeres Herz.

Das ist der Fluß. Er kommt von CÓRDOBA, einer
Stadt, die zusammenläuft, um ihn zu sehn. Doch
er geht achtlos vorbei. Er läßt das Herz der
Brücken höher schlagen, doch sein Herz neigt sich
den Gewittern zu, berauscht von ihrer schönen
Melodie. Immer bist du mir voraus. Deine Zimmer
stehen leer und der Wind findet keine Wand, an
die er sich lehnen kann. Ich beuge mich aus dem
Fenster und sehe dem Himmel zu, der seine Wolken
über die Hügel karrt. Ich höre dich, wenn in der
Ferne die Türen schlagen im Meer.

Komm, steh auf, geh über die Brücke, schöner
GUADALQUIVIR. Öffne deine Augen, öffne sie wie
das Wasser, das sich über die Quelle beugt.
Siehst du, wie der Stein verfließt, sich auflöst,
wenn du ihn berührst; wie sich die Schwestern
finden im weißen Kleid der Flammen *(verdunkelt*
nur vom Schatten der Vögel, der durch ihre Leiber
geht); wie sich unter den Wolken der Wind von
seinem Lager erhebt, unter den Steinen; wie von
weit her das Leben kommt, von wie weit her?

Und noch etwas: Ist es der Blick auf dieses
Meer, ohne den ich nicht wachen, ohne den ich
dich, meine Liebe, nicht sehen kann, oder sind
es deine Augen, Gefährtin an meiner Seite, ihr
bodenloser Grund, ohne den ich nicht schlafen,
meine Träume nicht berühren, diesem schnöden
Leben nicht widerstehen kann? Ich sehe in deinen
Augen das Meer. Es kommt auf mich zu. Seine
Dünung sammelt deine Nächte ein, läßt keine aus.
Komm, wir machen Platz; ihr seid willkommen,
ihr seid daheim. Du bist daheim.

IN DER KARTAUSE VON VALLDEMOSSA

Wo bist du, Licht, es ist Morgen.
(Cesare Pavese)

Drei Dinge waren es, die ich sah.

Ich vermißte das Meer, das irgendwo hinter
den Bergen versickert war (wie flüchtig ist
doch seine feuchte Spur). Dann dachte ich
an die Liebe, dachte an deine Augen.
Blaues Gewässer. Ich sah es dunkeln
bis hin zum Horizont.

Ich dachte an mein Leben und daran, in welchen
Ozean (oder wo sonst) seine Rinnsale einmal
münden werden, morgen oder heute. Da hörte
ich im leeren Zimmer hinter mir ein Geräusch,
dort, wo neben dem Klavier seine Büste stand.
Schlug er die Augen auf oder tat der Marmor nur
einen Atemzug?

Schließlich sah ich einen Vogel, sah sein Herz,
das durchsichtig war bis auf den Grund. Ich
lache nicht mehr über die Liebe, noch spotte
ich dem Tod, der den Wind unter der Erde wehen
läßt und die sanftesten aller Küsse verteilt.

In der Ferne das Pfeifen der Bahn (der rote
Zug nach Sollér). Der Herbst. Er geht von Baum
zu Baum, er geht von Blatt zu Blatt, *er frißt mir
aus der Hand.* Die Flüsse halten ein und bleiben
stehn. Sie wagen nicht, barfuß über eine Erde zu
gehen, die schlohweiß vom Himmel fällt.
Ein Schußwechsel kündigt sich an.
Ich bitte um eine Tasse Regen.

Die Etüden der Gewitter, die Unruhe der Tropfen im Meer, die Anmut der Gewehre, die so farbig und lebhaft träumen. Lächelnd überreichen sie dem Abend ihren Strauß.

Ich habe die drei Dinge vergessen, von denen ich sprach. Ich sehe nur den Mandelbaum, der nach dem Messer greift und sich verzweifelt wehrt. Der Wind umkreist ihn wie ein Wolf, der Wind, der immer schwärzer wird und nicht locker läßt.

Einen Steinwurf weit liegt ein Mann. Er scheint
zu schlafen. Er liegt ruhig auf der Erde.
Das Gesicht ist dem Himmel zugewandt (obwohl
es einen Himmel nicht mehr gibt). Eine Rose
tritt aus seiner Stirn. Sie gefällt mir. Ich
hebe sie auf. Ich sehe einen, der vom anderen
Ende der Ebene herüberkommt. Er geht durch die
Mühlen, er tritt auf seinen Schatten (der es
zu dulden scheint), er bleibt vor mir stehen.
Wir sehen uns an. Ich hebe meinen Arm und reiche
ihm die Rose, die sich mit meinem Blut vermischt.

EIN HIRT DER WÖLFE will ich sein,
ein Apostel, der die Sterne
bei der Gurgel packt, bis es dem
Himmel schwarz vor Augen wird.

Mit meinem Stecken kitzele ich die Nächte
wach, hole sie aus ihrem Versteck. Die
Zeit der lauen Gewitter ist vorbei und
den Heiligen sprudeln wieder die Wunden.

Aus dem Feuer mache ich Kleinholz
für dich, biege die Blitze zurecht.
Tief im Unwegsamen lasse ich dein Haar
fliegen, Liebste, tief im Stein.

EIGENTLICH WOLLTE ICH
dir schreiben
wollte dir sagen daß
Ich weiß es nicht.

Ich sehe mir den Torso an
(ein Bild von Matisse
das vor mir auf dem
Schreibtisch steht).

Wie biegsam der Marmor
ist. Er wendet sich
mir zu lockt mir
die Hände vom Blatt.

Wenn ich das könnte
den Stein berühren
bis das Leben warm wird
unter meinen Fingern

die immer nur dies
kalte Weiß beschriften
das von Mal zu Mal
blasser wird.

Wer das könnte
die Welt hochwerfen
daß der Wind
hindurchfährt.

(War es das was ich
dir sagen wollte?)

AUS DEN FEDERN GEHOLT

Aus den Federn geholt habe ich den Morgen,
habe ihn gewaschen und blaue Strähnen ins
Haar gekämmt (er sieht jetzt besser aus).

Der Wahrheit habe ich die Flügel gestutzt,
damit sie uns nicht schon heute belästigt
(es genügt, wenn sie morgen kommt).

Den Vögeln habe ich die Wege freigeschaufelt
und dabei viel Luft bewegt. Ich lasse sie
an Drähten auf- und niederschweben.

Steine habe ich geschleppt aufs Meer, Mauern
geschichtet, Ziegel auf Ziegel. Die Wellen
haben sich nicht gerührt und der Turm steht
immer noch.

Den Wind habe ich mir mit aufs Zimmer genommen.
Er sitzt jetzt vor dem Spiegel und macht sich
schön (er wird wohl eine Weile bleiben).

Auch die Nacht ist mir gewogen. Ich habe sie
abgetastet und kenne ihre Haut (alle Erdteile
und auch den feuchten Fleck).

Und nun komme ich zu dir, Liebste. Ich lasse es
schneien auf deine Haut. Dann male ich ein Herz
in den Schnee und gebe ihm einen roten Tropfen
bei. Halte ihn fest, wenn es um uns brennt.

DER NÄCHTLICHE BAUM

In seinen Zweigen ruhen die
Toten. Er belaubt ihren Mund,
nimmt sie mit über die Winde
hinaus. Er läßt sie ruhig
atmen.

Von ihm gehen die vier
Flüsse aus. Sie sinken
vom Himmel, regnen der
Nacht ins trockene Herz.

Die wechselnden Früchte,
der Tisch, das Tuch, auf
dem die Sonne reift.

Der helle Baum.

DAS WORT LIEBE

Wenn das Schiff sinkt,
findet sein Segelwerk
Zuflucht in unserem Innern.
(René Char)

Zu loben den Stein. Vor seiner Tür steht ein
verkrusteter Mann. Es ist das Meer. Er bittet
um einen Schluck Wasser. Du spülst den
Lehm aus seinen Rippen und holst ihm aus dem
Brunnen das Brot. Wie trocken ist die Erde
ohne dich.

Vor deinem Fenster fahren die Schiffe vorbei.
Du siehst ihnen nach und schickst sie brennend
unter die Erde, befrachtet mit einer Botschaft
für die Nacht. (Das Feuer im Herd ist nur ein
Schmuck.)

Auf dem Balkon stehen die Winde. Sie wagen nicht
zu leben (sie haben keine Schuhe, keine Rüstung,
keinen Helm). Du redest leise auf sie ein,
machst ihnen Mut.

Auch ich komme zu dir, lege dir meine wenigen
Worte auf den Tisch. Sie können mir nichts
mehr sagen. Nimm sie in den Mund, sag du sie.

Zum Beispiel das Wort Nacht. Zerbeiß es, schmecke
es, sag mir wie es war in jener Nacht, als der
Donner wie erfroren über der Weichsel stand

und der Frost die Kälte nicht zerreißen konnte,
ihr weißes Kleid (das ihr selbst die Finsternis
nicht vom Leibe riß). Ich habe es vergessen.

Hast du die weißen Schüsse gehört, als sich die
Sterne losgerissen hatten und über die Felder
jagten, hinter dem Eise her? Die Winterkirschen

versprühten ihr Blut in den Schnee. Ich habe es
getrunken und meine Hand auf den Schlaf gelegt
(doch er wollte nicht).

Das Wort Tod. Wer ist er, ich frage dich. Er
hatte mir damals den Vortritt gelassen. Ihr
schattiges Haar. Sie ließ ihn nicht ein, er
blieb vor der Tür. Er zählte die Stunden, doch
er ging leer aus, als es zum Abschied kam (sie
wandte sich einem anderen zu).

Eine Handvoll Lehm, eine Spanne Stroh, ein Bündel
Feuer und ein Gramm Liebe, ein Milligramm (oder
was ein Hauch zwischen den Lippen wiegen mag)
und doch genug, daß sich mein Blut gegen diese
Erde stemmte und sich auf die Seite der Rosen schlug
(der Partisanen mit dem Morgenrot im Wappen).

(Das Wort Liebe. Du fragst mich? Frag die
zerrissenen Rosen oder dort das Schiff, das
unversehrt durch die Flammen fährt, den tieferen
Feuern zu.)

MAILAND GIBT ES NICHT

Der Tag öffnet seine Hand
Drei Wolken
und diese wenigen Worte
(Octavio Paz)

(1)
Gut, Mailand gibt es nicht (ich habe es gehört)
und ich sehe, wie Venedig schwankt. Lassen wir
das. Es hat keinen Zweck, nach Staubfäden zu
suchen.

(2)
*Die Toten wissen nicht, ob sich ihre Augen
öffnen oder schließen.* (Wir sollten es ihnen sagen.)

(3)
Ägyptische Finsternis. Die Sonne tappt in ihr
herum. Selbst die Meere knistern im Stroh der
alten Plagen.

(4)
Kaum daß es dunkel wird, flattert die Sonne
wie ein Vogel hinter den Scheiben.

(5)
Mehr und mehr entgleitet dem Himmel sein
Geheimnis, das schon halb in der Erde steckt.

(6)
Das Gold in den Adern der Berge schwillt,
wenn das Licht seine Tropfen im Boden
versickern läßt.

(7)
Der Staub ist ein Gerüst, das die Wahrheit nie
erklimmt.

(8)
Die Wahrheit steht vor dem Spiegel und erkennt
sich nicht. Nur der Spiegel erkennt die Wahrheit.

(9)
Die schöne Passantin, die an mir vorübergeht.
Im Nu haben wir die Ringe getauscht. Sie dreht
sich um und geht langsam auf mich zu (obwohl
ich hinter ihrem Rücken sehen kann, wie sie mit
schnellem Schritt im Gedränge entschwindet).

(10)
Aus dem Leben der Steine. Ihre Unruhe, wenn
sich die Vögel sammeln zum Flug.

(11)
Es wird Zeit, daß sich die Vulkane wieder
regen. Ihre Schritte sind wie Brotbrechen.

(12)
Geh in den Wald. Man soll vor dem Winter
seine Träume schlagen.

(13)
Das ewige Hin und Her der Schatten, eine
Völkerwanderung, die erst zur Ruhe kommt,
wenn einer von ihnen es wagt, der Sonne ins
Auge zu sehen.

(14)
Der Mittag, sein steiler Weg durch die Dornen.
Auf der Kuppe passen ihn die Häscher ab. Von
hier aus haben es die Klingen nicht mehr weit
auf ihrem Weg in sein Herz.

(15)
Die Langmut der Gewitter, die ihre Blitze
hegen.

(16)
Manchmal schlängeln sich die Blitze durch den
Fels. Sie lassen ihre Haut zurück. Wenn sie
wiederkehren, lächeln sie. Jetzt könnt ihr
sie lieben.

(17)
Die Rätselgestalt der Bäume, die den Spalt
bewohnen, der zwischen oben und unten klafft.
Noch im Versinken gestikulieren sie wild,
nehmen uns mit unter die Erde (eine Erde, die
voller Wälder ist).

(18)
Die hungrigen Uhren. Sie leben von den
Knochen, an denen die Zeiger nagen.

(19)
Und wieder verstummen die Stimmen. Aber nun
kommen sie nicht wieder. Schweigend erwartet
die Erde den Schnee.

aus: AN DIESEM SCHÖNEN
TODESTAG IM MAI

(I–XII)

Ich schreibe mit unsichtbarer Tinte
doch genügt es die weiße Seite
anzuhauchen
und auch die unsichtbare Schrift
verschwindet

(Jaroslav Seifert)

I

Durchnäßt von Träumen deren Lampen ins Dunkel der
    Fenster leuchten ein Ackersmann der den Grund
Der Städte durchpflügt (die stillen Plätze über
    denen das Pflaster wogt) erhebe ich mich vom
Schlaf lege die Fingerkuppen an die Scheiben und
    sehe verwundert den Wasserfällen zu die aus
Dem Fenster stürzen dem Gestrüpp der Tropfen das
    dort unten am WÄLSCHEN-PLATZ der Statue die
Dreifaltigen Wunder enthüllt
Es ist wahr Sie breitet ihre Arme aus und
    wiegt sich im Wind

VIII

An diesem schönen Todestag im Mai Ich bummle am
    Ufer der Moldau entlang Fremde Schatten treten
Auf mich zu sprechen mich an ein Königreich in
    der Hand
Vor der Wache lösen sich die Posten ab (ein Schweigen
    das dem Schweigen Antwort gibt)
Das Brodeln der Weihwasser wenn die Schützen kommen
Auf der Brücke knien sie nieder und legen die
    Gewehre an
Wieder erleuchtet das Feuer die Heiligen und bringt
    zum Stocken die Ewigkeit (den einen Tropfen
Der um ihre Häupter gerinnt)

Schreie und das Rauschen von Flügeln Da sind sie
    wieder Wahrzeichen des Himmels
Festlich gekleidet winken sie mir zu laden mich
    in ihre Gondeln ein auf denen sie weite
Reisen machen (bis hin zur Spanischen See)
Ihr Vögel wie schön ist euer buntgemaltes Haus
    vor dem die Wolken auf- und niederschweben
Ich betrete den Balkon und pflücke die Orakel
    von euren Lippen duftige Girlanden
Deren Ranken die blauen Wände verziert

X

Komm meine Liebe wir sind schon lange nicht
mehr gewandert übers Meer
Der Ozean hebt seine Wimpern und die Lilien
breiten ihre Segel aus eine Armada
Die den Brunnen umschifft
Wir gehen über den Graben ein Schwebevogel
uns voran
Wenn er schreit öffnet der Mörtel den Mund
Reiterei nichts als Reiterei Sieh Roß und
Reiter verlassen den Park und in der
Altstadt kreisen die Sockel um den Turm
(Felsbrocken nach denen die Vögel haschen)

Die Schatten stellen Tafeln auf Wegweiser für
    den Pfeil der sich so leicht unter den
Tannen verirrt
Das Selbstbildnis der roten Blumen in der Dämmerung
Die Ruderer deren Pendel über den verwelkten
    Wassern kreist
Der Spott der gefiederten Königin
Und dann am FÜNFKIRCHEN-PLATZ der Absturz der
    schwarzen Engel das Krachen der Zweige ihr
Dumpfer Fall (Versuchungen denen unser Herz nur
schwer widerstehen kann)

Meine Liebe siehst du die Frage auf meinen Lippen
    wenn wir hier im Wildpark unter den Bäumen
Am Tisch uns neigen einander zu gehalten nur von
Diesem leisen Schlag und kaum beachtet vom Licht
    diesem seltsamen Gast der sich eben wieder
Erhebt und um die Stühle streicht (ein Fremder
    wildfremd wie wir) und der dich beim
Weggehen (als kennte er dich) leicht mit der
    Hand berührt
Auch er wird es mir nicht sagen können oder weißt
    du es ob wir deren Augen dunkeln wenn dort
Unten das Wasser über das Ufer tritt Lebende oder
    Tote sind schon gestorben oder gar nicht erst
Erwacht

II
(1989–1995)

NATURE MORTE

Brüchige Farben Häher schreien Wälder
    zerschlissen und voller Ketzerei
Truhen brechen auf Der Herbst probiert die alten
    Kleider an ein toter Träumer dessen Haut
Immer durchsichtiger wird und dessen Herz
    immer mehr verrußt

Geheimnisvolle Vögel tragen etwas das ich nicht
    sehen kann von einer Jahreszeit in die andere
Während hinter mir der Stundenschläger der das
    Knistern in den Vitrinen zu schätzen weiß
Mit den Türen knallt

Ich lehne am Fenster und sehe den Bäumen zu
    drüben am Hang ihrem geschäftigen Tun
Wie Zigeuner zünden sie die Lagerfeuer an und
    lassen ihr Talmi durch die Zweige rieseln
Goldener Schutt der noch in der Luft wie eine
    zweite Sonne violett-rote Blüten treibt
Eine Sonne die ihr Blut aus unserem Leben saugt

Blitze richten sich auf schön gekleidet bleiben
    eine Weile stehen bis sie vornüber fallen
Und in die Steine tauchen bis auf den Grund
    wo der Regen wohnt der das zerbrochene Glas
Wieder zusammenfügt den Wirrwarr den das Wort
    Liebe in mir hinterläßt
Der leise Regen der so schöne Hände hat

IN ERWARTUNG DER NACHT

Die Erde ist mit Schatten gedüngt und aus den
    Hecken langt eine Hand die den Vögeln das
Weiße Taschentuch aus der Jacke zieht
Die ersten Lichter flackern auf Boten einer
    anderen Zeitlichkeit die mein Handgelenk
Umspielt

Wenn ihr die Wolken beiseite schiebt könnt ihr
    noch einmal die Sonne sehen zum letzten Mal
Ehe sie mit dem Zug abreist der in meinem Vorgarten
    die Rosen zertrampelt die vor Erregung zu
Boden gefallen sind als Du mit einer großen Geste
    das Fenster geschlossen hast

An den Haltestellen sammelt sich die Nacht
Das verschwommene Hin und Her auf den Straßen
    dazwischen die Läden der Juweliere deren
Auslagen zu leuchten beginnen wie der Schlaf
    wenn er sich von seiner Matratze erhebt
Und nach der Stunde fragt
Ich betrachte die Kästen suche mir unter den
    Schönen die Schönste aus lege sie wieder
Auf ihren Platz

Jemand kommt mir entgegen eine Kiepe voller Sterne
    auf den Schultern die er mir vor die Füße wirft
Ich zertrete sie alle bohre den letzten mit dem
    Absatz in den Grund damit ich die Dunkelheit
Besser sehen kann die Dunkelheit die aus deinen
    Augen tritt

Dunkelheit fülle mich aus fülle mein leeres Herz
        damit es zu schlagen beginnt zu pochen
Wie das Herz der Wälder das die Trommelschläge
        des Laubs übertönt

DIE SCHRITTE DER PASSANTEN

Mit einer Handbewegung räumen die
    Gewitter mit der Meeresstille auf
Die über die Welt gekommen ist
Eben erst gestorben entflammen die Kerzen
    ein Feuer das alle
Aufgetischten Wunder der Sonne
    von den Tafeln fegt

Fuhrwerke rumpeln durch die Gassen
    die geheimnisvolle Tonleiter
Einer anderen Welt deren Indigoblau
    sich mit der Stunde vermischt

Die Schritte der Passanten
Sie spiegeln sich in der Luft eh sie
    zerfallen wie Zaubermünzen
Die als welke Blätter verwehen

Hört zu meine Schwestern ich sage euch
    ein Geheimnis
Am Ende der Straße lauert euch die Leere
    eines ewigen Sonntags auf
Seine sechsunddreißig Heiligen
    vertreibt nur eine große Woge
Der Zärtlichkeit

ICH SAG ES EINMAL SO

Ich kann den Heidenlärm nicht verstehen das
    Gewese der Schatten wenn sich das
Türchen in den Ampeln öffnet und einige
    schwarzgekleidete Herren auf der
Großen Wiese stehen und *vom Blühen der Luft*
    im Winter sprechen

Schon eher begreifen kann ich die Sonne die
    wie ein Soldat durch die Wüste geht
Sie trägt ein weißes Kissen vor sich her
    auf dem zwei Steine liegen noch warm
Vom Atem der Bewohner
Sie sagen sich ein letztes Lebewohl

Was ich geliebt habe ist weniger das Stelldichein
    des Regens unter den Brücken und schon
Gar nicht das tintige Gekritzel auf den
    letzten Seiten der Mitternacht
Es ist der kühne Schwung mit dem die Vögel
    die Felsen durchstoßen als wären sie
Luft

AUCH ICH HABE DIE NACHT GENUTZT fuhr bis
    an den Rand wo sich der Schatten türmt
Weißer als Schnee
Aus der Finsternis kommst du mein Wort
    stellst die Blumenrätsel auf die Probe
Ihr babylonisches Herz das im Gewand des
    Vergessens die Viertel der Wunder ziert

Wund wie nach einer Geißelung torkelt die Sonne
    auf ihrer Bahn geschlagen vom Abendläuten
Und von den Sonnen aus dem Jenseits umringt
    die ihre schwarzen Segel flattern lassen

Ich greife in die Luft und verstreue eine
    Handvoll Dämmerung
Mit ihr breche ich in die Finsternis ein
    setze mich zur Rechten der Nacht um das
Schauspiel nicht zu versäumen den Fall der
    Schatten durchsiebt vom ersten Morgenrot
Die Erschießung meiner Träume vor der
    kahlen Wand des Lichts

ICH LIEGE HIER in meiner leicht geöffneten Hand
    und erwarte den Schnee der im ersten
Morgengrauen die Seufzer der Vögel übertönt
    und mir seinen Finger auf die Lippen legt

Eine halbherzige Sonne zieht sich mehrmals am
    Tage an und aus unentschlossen wem sie
Ihre Hand reichen soll

Eigentlich wollte ich nicht von der Liebe reden
    Lassen wir es
Ich falte die brennenden Gardinen zusammen und
    stapele sie in der Truhe wo schon
Einundsechzig andere liegen

Dann zerkleinere ich den Mondschein mit der
    Schere (falls er es ist der in seinem
Futteral wie eine Dampfmaschine tobt)

Im Keller löst ein Erdbeben das andere ab
Sie steigen die Treppe empor auf der ich ihnen
    entgegenkomme versinkend mit jedem Schritt
Im grasüberwachsenen Schnee

WEISSGETÜNCHT DER HIMMEL Die Pinien beschriften
   ihn flüchtig mit ihrem Geäst löschen die
Worte gleich wieder aus

Reiter preschen durchs Gehölz Standarten und
   Hufe Bestürzend das Leben bestürzend
Der Tod

Auf der Lichtung gehen die Blitze von Hand zu
   Hand bringen die Schatten zum Bersten
Dringen dem Mittag in den gemarterten Leib

Ein altes Bild das unter dem Firnis zu bluten
   beginnt *Im Dunkeln steht mein Haus und*
Hält den Atem an

IN DEN DÖRFERN SCHWARZE SEGEL die *Capas*
    der Guardia Civil
Das Klicken der Handschellen ein
    vertrautes Geräusch
Mit verbundenen Augen führt man sie ab

Ich spreche von der Wirklichkeit die vor
    meinen Augen verschwindet
Verschwindet wie die Angst hinter
    meiner Stirn

Gegenüber am Straßenrand der Wind
Auch er jemand den man nie genau
    erkennen kann jemand der nur
Zusieht und mit den Achseln zuckt

Es ist immer das gleiche
Es hat keinen Zweck mit den Schatten zu kämpfen
    dem Schatten eines Schattens
Er ist überlebensgroß
Es hat keinen Zweck sich
    auf die Erde zu stützen
Du brichst auf ihr ein

EINE HANDBREIT VOR MIR steht das Leben das ich
    morgen mit einer Leiter erklimmen will
Mein Leben eingeweckt im Regal und gereiht
    auf blaßblauem Papier in das einmal
Der Himmel eingeschlagen war

Draußen der dumpfe Aufprall und das Krachen im
    Wald wenn die Sonne strauchelt und durch
Das Holz eine Schneise schlägt

Dann die Stille und nur ab und zu
    das Knacken trockener Reiser
Wenn es dunkel wird

VÖGEL FALLEN WIE TROPFEN von den Bäumen
Sie gehen in den Abend ein der das
     seine Liebe nennt was nicht
Seine Liebe war

Das Unsichtbare erhebt sich von seinem Lager
     und läßt etwas zurück was noch
Unsichtbarer ist

Mit einem Schrei stürzt der Strom zu seiner
     Quelle zurück

Wir waren zu lange wach

JA DOCH ICH WEISS vergänglicher als das Leben ist der Tod
    der schon mit zerbrochenen Rippen zur Welt
Kommt
Ich habe ihn wiedererkannt
In der Linken hielt er die Stadt (ich spreche natürlich
    von PRAG) in der Rechten ließ er einen Propeller
Kreisen der der Sonne nicht unähnlich sah angetrieben
    von *reinem Meskalin*

Ich habe nur meine Stimme altersgrau aber es reicht
    um auf Knopfdruck die rote Straßenbahn in Gang
Zu setzen die einem fahrenden Gewitter gleicht das die
    Häuser erbleichen läßt wenn es über den GRABEN
Fegt
Und ich habe das Wort Eines genügt und ich hole euch
    die Fangflotte der Sterne vom Rand des Ozeans
Zurück

Tod das mach mir erst einmal nach

DICHT ÜBER MIR das Inferno der Sterne
    ihr Amoklauf ihre brennende Haut
Es will mir nicht in den Kopf daß sie Deinen
    Namen preisen Herr
Losgelöst von allen Himmelsstrichen können sie
    nicht einmal das Knirschen Deiner Schritte
Hören
Ihr seid euch niemals begegnet

Und auch Dich kennen sie nicht haben nie etwas
    von Dir gehört die Du auf dieser Erde
Unser aller Herrin bist die kein Lichtstrahl zu
    berühren wagt wenn Du zu uns kommst
Ganz in Schatten gehüllt

Nostra Signora Morte

FRAGEN AUF EINEN ZETTEL NOTIERT

Wo die Tageshelle bleibt
Was auf der Unterseite der Schatten liegt
Wie der Kerkermeister heißt (sein Gesicht)
        der hinter der Sonne das Gitter
Ins Türschloß wirft

Die Nacht angelockt durch einen Traum
Der Traum angelockt durch die Nacht
Die Liebe wie sie
        leer und unausschöpflich

Schwärze die in Stücke zerspringt
Und dann am Morgen ein sanftes Licht
        das wie die Rosen
Den Mittagsbrand überlebt

Wem gebührt das letzte Wort
Dem Wort dem Vergessenen oder einem Schweigen
        das sich wie der Schmetterling
Von der Puppe löst

Genug der Fragen
        oder vielleicht noch die
Woher diese Fragen

EINE SCHWARZE HAND LASTET AUF
DEM LAND

Sie streicht über die Dächer und ebnet die
    Städte ein fegt auch die BOBOLI-Gärten
In den ARNO und ist schuld an der sagenhaften
    Überschwemmung von HEIDELBERG dessen Schloß
Der Nacht im Wege steht

Sie öffnet die Talsperren und verwandelt die
    Berge mühelos in einen Haufen Sand
Den sie ringsum verstreut
Sie drückt selbst dem Wasser die Augen zu
    bevor sie sich am Morgen Porzellan
Über die Finger streift

Kommt her meine Worte ihr seid hier nicht zuhaus
Ich will euch aussetzen in einer Gegend
    wo ihr reden könnt lachen
Wie der Wind im Korn

Der Wind schmeckt schon das Brot
Das Meer sehnt sich nach Feigen

ICH HABE NICHT MEHR VIEL ZU SAGEN

Verzeiht mir Freunde aber es ist nicht Schuld meiner
    Augen wenn es dunkel wird und ich euch nicht mehr
Sehen kann Meine Stube ist eng und es sind so viele
    Schatten hier zu viele
Ich kann sie kaum noch zählen
Ich weiß nicht warum sie gerade zu mir gezogen sind
Die Burg dort oben auf dem HRADSCHIN ist groß genug
Dort könnten sie alle übernachten

Verzeih mir meine Liebe ich sollte Dir schreiben Es geht
    nicht Jemand hat mir die Tinte verrührt
Sie ist dick geworden und verdorrt wie die Sonne
    die in meiner Schublade liegt
Manchmal wenn ich die Augen schließe kann ich dich
    sehen Aber nur undeutlich Es liegen zu viele
Lichtjahre dazwischen

Bei schönem Wetter sitze ich auf meiner Pawlatsche
    und lasse die Stunden an mir vorüberziehen
Auch sie kommen nicht allein Es sind ganze Heerscharen
Ganz unmöglich sie zu zählen
Eine von ihnen wird einen Gast mitbringen
Manchmal dachte ich schon ich hätte ihn erkannt
    aber es war jemand anderes
Man weiß nie wie der Tod aussieht

Verzeiht mir
Diese Geschichte ist kein Märchen
Es ist wirklich so

UND NUN VERSTUMME ICH weil der Regen naht der
    solange gezögert hat und der sich am Ende dieser Zeilen
Als die stärkere Stimme erheben wird die immer lauter
    meine Worte übertönt dieser Regen dieses endlose
Rauschen dieser endlose Regen dem das Gras entgegensteigt
    wie eine Flut wie ein Fluß der auf der Suche nach
Seiner Quelle alle Fluten übersteigt
    Regen sie alle werden Dir folgen der Ozean der
Seinen Fuß auf die Leiter setzt das Fuhrwerk das die
    Sonne um die Erde karrt und auch du der du diese
Zeilen liest angelockt von seiner Stimme diesem endlosen
    Rauschen dem niemand widerstehen kann Der Regen
Das Rauschen dieser schöne Regen Laß Dich anschauen
    laß Dich betasten wie schön Du bist schöner als
Die Töchter des Pharao schön wie der Regen im Wald
    Regen endloser Regen aus welchem Jenseits Du auch
Kommen magst Du kehrst zurück elend und erhaben in
    Dein ererbtes Reich wo Dein Regen Laubhütten baut in
Der Wüste Regen endloses Rauschen komm herab und
    richte Deinen Namen auf in dieser Welt von der nach
Dem großen Beben nichts geblieben ist nichts als der
    reglose Wind der seine Hand auf die zwei Steine legt
Regen siehe der Platz des Königs ist leer Lasse Dich
    nieder und blättere die Seiten auf die verschollen
Und verschüttet sind wie wir Regen Du fleischgewordener
    Bote aus dem Nirgendwo endloser Regen komm auch zu
Mir Du brauchst nur anzuklopfen Ich öffne Dir die Tür
    Ich habe keinen Tisch ich habe keinen Stuhl ich
Habe nur die Nacht in der Nacht die Dich willkommen
    heißt wie ein zweites Morgenrot Regen laß mich hören
Was sich nicht sagen läßt Sage was ich nicht hören kann
    Ich höre Dir zu Deinem endlosen Rauschen dem Regen
Bis ich werde wie Du

DIESE PAPPELN, DIESES LAND …

Und es wird kommen der Tag,
seine wirkliche Gestalt, lächelnd auch er
und auf den Schultern alle Vergänglichkeit,
diese Pappeln, rieselnd im Wind,
die weiße Sehnsucht der Straßen,
das stille Land, Besitztümer der Heiterkeit,
eine Voliere den Stimmen der Vögel die Luft.
Und die Schönheit ist erwacht und berührbar
ihr Leib. Ihre Visionen steigen ins Blau,
das über euch seine Kreise zieht,
ein gekentertes Meer, in das
der Himmel seine Schollen treibt,
die sich türmen und zerschellen
vor den Augen des Lichts.

GIB MIR DEINE KALTEN MEERE

Zwischen meinen Schläfen das Schattenbild der
    Melancholie das den Mörtel aus der Mauer lockt
Den Herzschlag der wie die GLOCKEN VON CORNEVILLE
    Verwirrung stiftet unter dem Schweigen
Das in den Gängen auf Stühlen mit hohen Lehnen
    sitzt und den Windstoß versteinern läßt
(Zeilen aus Granit)

Wenn sie schlafen kehren die Flüsse um
Du merkst es wenn sich die Finsternis erhebt
    (Grundwasser das in die Feldnacht steigt)
Der Weidenkönig ein versunkener Kahn und mitten
    in der Weite des Zimmers ein belaubter See
Den das grüne Lampenlicht der Wälder wieder ins
    Vergessen taucht

Fallträume suchen die großen Landschaften heim
    pflügen die Senken wie ein Schiff das Meer
Jetzt hat die Dunkelheit das Wort ein Haufen
    zerbrochener Räder und Speichen
Der sich zu regen beginnt
Ich stehe auf und sehe zu wie mein Schlaf
    Skizzen für den Tod entwirft einen Tod
Der am Verhungern ist und sich an nichts
    erinnern kann

Gib mir deine kalten Meere ich wärme sie
    in den meinen
Der Spiegel öffnet seine Lippen
    Lippen Lippen
Sie bewegen sich sie
    ich weiß nicht was

MIT EINEM FAUSTSCHLAG zertrümmere ich den HRADSCHIN
   reiße die Brücken ein trete die MOLDAU zu

        aus aus aus

        SIE HABEN JAN P. GETÖTET!
        ER WAR MEIN FREUND
        SIE HABEN IHN MIT BENZIN ÜBERGOSSEN
        MAN STELLE SICH VOR MIT BENZIN
        SIE HABEN IHN BEI LEBENDIGEM LEIB
        VERBRANNT

Um ihn habe ich all meine Tränen verloren mehr
   als ich hatte
Ich greife mir die Wolken wie sie gerade kommen
   auch wenn sie noch so schäbig sind knete sie
Zu Granit der euch in die Mangel nehmen der mit
   euch reden wird

        BRENNENDE VÖGEL TANZEN UM DEIN HERZ
        AUF SCHWARZEN ROSEN KLETTERN SIE
        IN DEN HIMMEL DER SEINE ZUGBRÜCKEN
        FALLEN LÄSST

Über dem WENZELS-PLATZ hängt die Trauer aus der
   eine verkohlte Sonne fällt
Ich greife mir alle Blitze die je durch Böhmen gejagt
   scharre die Hussiten aus ob sie wollen oder nicht
Ein ganzes Heer
   Sie wissen wie man mit euch fertig wird

Sie haben meinen Freund verbrannt wie konnte das
   geschehen

Kein Heiliger rührte sich und kein Engel langte
nach dem Schwert

DIE STEINE KRÜMMTEN SICH VOR SCHMERZ
MEIN GOTT MIR WERDEN DIE WORTE
SCHWARZ IM MUND WENN ICH DICH
PREISEN SOLL

ICH HABE NACHEINANDER mit der Nacht und dem Tod
    geschlafen und alle Heiligen auf der Brücke
Drehten sich nach mir um obwohl ich nur eine
    Erfindung meiner Worte bin

Auf dem HRADSCHIN-PLATZ fragte ich die IMMACULATA
    auf ihrer Säule ob sie sich noch erinnere
An die Leiden unseres Herrn
Da wurde es still und leicht um sie wie dichter
    Schnee der bei Windstille fällt

Die Schatten sind ein Bauwerk aus einem Guß
Ihre Quadern umstehen die Finsternis die ihr Wissen
    vor uns verborgen hält

Die grüne See der Finsternis
Sie füllt mein Herz mein Leben das wie eine
    Woge ist ehe sie bricht

AUF DAS WEISSE TUCH dieser Seiten lege ich die
    Schatten
Sie waren einst mein Mantel
Jetzt lasse ich sie liegen

Oder bedecke mit ihnen die Wolken
Einst hatten sie zu mir gesagt Betrachte diese
    Erde sie ist ein Stern
Jetzt glättet sie der Wind Ja der Wind

Liebste wann kommt die Nacht da wir wieder
    Orangen pflücken gehen
Mein Ozean ist tief tief genug daß er deine
    Sehnsucht fassen kann

Einst hatte ich dir einige fliederfarbene Dinge
    ins Feuer geworfen
Jetzt steigt aus den Wäldern der Rauch der die
    schwarzen Tropfen dort oben löst die
Schwerer wiegen als der Tod

Einst hatte ich die Gräber zugetreten und auf jedes
    einen Stein gewälzt
Jetzt laufen die Toten frei herum
Sie sehen aus wie wir
Wirst du mich erkennen

ICH BIN SO FREI und räume ab und zu meine Stube auf
Gehe zum Regal sammle die verstaubten Lieben ein
      werfe sie zum Fenster hinaus wo sie
Davonfliegen können

Fege mit leichter Hand den Schreibtisch leer und
      schaffe mir Platz für einen Wald wo ich mich
Mit der treffen will die morgen die meine wird
(Es muß ein sonniges Plätzchen sein mit viel
      zärtlichem Grün damit ich zu ihr sagen kann
Ach das verrate ich nicht)

Mit dem Vorschlaghammer gehe ich auf die leeren
      Stunden los denn ich brauche viel Raum für das
Liebesgeflüster das lange in der Luft schweben soll
      ohne anzustoßen

Wie gut daß man ab und zu neu anfangen kann

Hole mir Rat im ersten Kapitel Mose beginne mit
      dem Himmel
Zimmere mir ein Gespann zurecht das ich
      voller Rosen packe die alle brennen wenn wir
Durch die Wolken fliegen
Was ist dagegen schon Elias mit seinem Feuerwagen
Liebste Du wirst staunen

HEUTE AM TAG DER HEILIGEN KATHARINA stecke ich mir
    drei Tage in die Tasche und wandre gegen
Mittag in den Karst um das Gelächter der Steine
    zu hören nur ihr Gelächter

Der Winter wird kommen ein unbekannter Souverain
    mit geschlossener Stirn
Er verwandelt dich eo ipso in ein Geäst vor dem du
    stehen und deine dürren Zweige betrachten kannst
(Sie waren gestern eine goldene Horde ehe ihr die Zeit
    eine Falle grub)

Sei's drum Du bist nicht der einzige Tote der
    zurückkehrt ins leere Haus

Um keine Mißverständnisse aufkommen zu lassen
Wir brauchen keine venezianischen Laternen und
    kein klösterliches Raunen um das Dunkel zu
Durchleuchten das auf der Unterseite der Schatten
    Wurzeln schlägt
Es genügt der Karst der sein schönes Haupt über
    dem Meer erhebt

Er trägt die Sonne über alle Sterbelager hinweg
Eines Tages wirft er dich hoch hinaus ins Licht

ICH HABE EINE STADT GESEHEN schöner als die
    UNBEKANNTE VON DER SEINE Sie tastete sich
Durchs Grün wie ein Schiff das unter Wasser die
    Segel setzt ein Schweigen das sich lichtet
Und langsam sichtbar wird

Ich habe Tauben gesehen Sie schleppten aus der
    BUKOWINA ganze Wälder ein ohne den Verstand
Zu verlieren und tränkten den Mohn mit ihrem Blut
Der Mohn legte mir drei Worte auf den Tisch die
    ich nicht vergessen kann

Ich sah der Sonne bei ihrer Arbeit zu Sie nagelte
    den Sommer fest tätowierte ihm das Blut ließ
Ihn schwören daß er sie nie verlassen wird
Noch nach ihrem Tod kündet ihre Keilschrift von
    einem Sommer der nicht sterben will

Ich habe die Liebe gesehen ich habe sie nicht
    gestört
Sie hob die Quellen an den Mund und füllte die
    Brunnen auf Meinen ließ ich da

Als ich ging öffnete sich der Dom und hob meinen
    Brunnen hoch in die Luft
Ich sah den Schwalben zu ich sah sie trinken
Sie tranken ihn leer

LIEBE DU BIST MIR JEDERZEIT WILLKOMMEN
Ich habe die Berge abgetragen und die Erde
ausgeschaufelt bis auf den Grund damit

das Meer zur Tränke kommt und seinen
Durst stillen kann Welle um Welle
Liebste überlassen wir den Tod sich selbst

laß ihn woanders betteln gehen Heute
laden wir das Feuer ein mit uns Canasta zu
spielen bis das ganze Meer in Flammen steht

147

DAS BLAUE HAUS Du hast es mir aus dem Meer
gezogen Nun macht es mir Augen sagt ich bin
schöner als das Schloß in den Pyrenäen das

dir nur den Kopf verdreht glaub es mir
Mit flinken Fingern hast du Wände gezimmert
Fenster Sie gehen ein und aus wann sie wollen

und empfangen keine Post in der nicht das Wort
Liebe steht Ach die Liebe Sie ist wie dieses
Haus das noch unter Wasser lichterloh brennt

BARBARISCHE VÖGEL lassen sich auf unseren
Küssen nieder reißen dir die Haut vom Leib
zünden alles an was ihnen unter die Finger

kommt Sie plündern die Kammern dort wo die
Dunkelheit am tiefsten ist und werfen dein
Herz mitsamt seinen Postkarten auf den

Scheiterhaufen Selbst deine Schreie sind
ihnen gut genug Mach auf Liebste schnell laß mich ein
Zu zweit können wir uns besser wehren

ICH ERTRAGE ALLES

Ich ertrage das Trommelfeuer mit dem mich die
    Sonne jeden Morgen aus den Federn jagt
Ich ertrage es wenn draußen mit großem Getöse
    der Frühling kommt
Ich ertrage sogar das Alpenglühen und das
    will etwas heißen

Ihr seht ich bin ein geduldiger Mensch
Und doch sind sie hinter mir her

Vielleicht kaufe ich mir eine Fibel um das Leben zu
    erlernen seine Hieroglyphen sein undurchschaubares
Alphabet
Oder laß mir per Post von den Eskimos einen dieser
    herrlichen Iglus kommen der auch die Sahara des
Nächsten Sommers übersteht eines Sommers vor
    dem mir schon graut

Vielleicht genügt ein Federstrich und es beginnt
    das Jahrhundert der Schwalben
Sie fordern den Wanderer auf sich mit ihnen zu
    entkleiden und sie im Wasser zu fangen
Sie tun es aus Liebe

Ich ertrage alles aber da
bin ich mir nicht so sicher

SIE LIEBTEN SICH Das war ihr
Verhängnis das ist einfach
das ist klar

Sie ließen in sich einen Baum
wuchern gaben ihm Äste und Grün
damit er etwas zum Leben hatte

Sie bauten sogar dem Meer ein
Haus eine blaue Stadt Dafür gab
es kein Pardon dafür begrub

man sie außerhalb der Mauer
Schon gut ich verstehe Die
Zeit undsoweiter Ihr die ihr noch lebt

steckt euch etwas Proviant in
die Tasche ein Päckchen
Herzlosigkeit etwas Eis für

die Kälte und für alle Fälle
einen Krieg Das reicht Damit
kommt ihr immer durch

INMITTEN MEINER BIBLIOTHEK aus deren
unberührten Seiten Flammen züngeln

Inmitten der Sirenen vor denen ich
nach Wachs und Stricken rufe

Inmitten der Dornenschläge mit
denen mich die Rosen verfolgen

Inmitten der Wörter einer wilden
Horde die durch alle Zimmer jagt

Inmitten des Tohuwabohus das sie
in meinem Kopf hinterlassen

Inmitten der vielen Herzen die
sich in meinem stapeln und die

gleichfalls für Aufruhr sorgen
mache ich mich aus dem Staub

fange mit meinem Stift ein
neues Leben an Ich gebe es euch

schwarz auf weiß

HEUTE ABEND GREIFE ICH MIR um die Zeit zu vertreiben
    einige Vogelstimmen aus den Zweigen stelle sie
Vor mich hin
Vor allem die welche das Feuer löschen

Im Dunkelwerden kann ich den Wind kaum
    erkennen aber ich weiß er steht vor der Tür
Hole ihn lieber nicht herein weil ich weiß daß er
    gleich wieder geht
Denn er ist wie du und ich will heute einmal
    nicht an die Liebe denken

Also lasse ich die Bildchen verschwinden reinige
    mit dem Ventilator die Luft und wende mich
Wieder den Vögeln zu

Ihre schönen Augen ihre Federn weich wie dein
    Mund ihr rotes Herz das sich an meines preßt

Wer nur redet mir die Liebe aus

ICH SCHICKTE SIE AUS zwischen diesen Zeilen die
Wahrheit zu suchen Doch statt den Meeresboden
umzugraben und das Unwetter auszulösen das den

Steinen in der Kehle steckt tritt sie nur das
Dunkel fest macht den drei Farben Hoffnung in
die sich die Schatten kleiden Damit komme ich

nie auf den Olymp Und die Liebe erst berüchtigt
wie der Tod Groß- oder kleingeschrieben rennt
sie durch dieses Buch bis hin zum Kaukasus

Wenigstens verfolge ich sie nicht mit
Bindestrichen oder Fragezeichen Tut ihr
nicht weh wenn ihr das Buch zusammenklappt

Und dann natürlich der Tod Wie das so ist
fährt er Erster Klasse und wir können
sehen wo wir bleiben Ach Poesie Poesie

SIEH DA, AUF MEINEM GRABSTEIN
SINGT EIN VOGEL

Denken Sie daran, daß es keinen Tod gibt.
Es gibt bloß umkehrbare Richtungen.

(André Breton)

I

Leute, Schüsse und Geschrei. Ein Verbrechen ist geschehen.
Teller, die sich blutig schlagen, Laternen, tot mit durch-
stochener Kehle. Die Attentate reden wie im Schlaf und füllen
mit ihrer schönen Schrift den Pitaval. Um die Platzangst zu
bekämpfen, bedarf es keiner violetten Augen. Es genügt ein
Revolverlauf und der dazu passende Aderlaß. All das kannst
du haben, so du niederkniest und mich anbetest. So war das
in Paris, damals, als es die Stadt noch gab. Plötzlich steigt
jemand durchs Fenster, ohne daß es klirrt. Ich wollte schon
das Gewehr vom Haken nehmen. Da sagte ich mir, wie schon
so oft: Laß das. Besser nichts tun. Schweigen. Willst du sitzen
oder willst du einen Thron? Na also. Auch die Schatten, tot
oder lebendig, können dir nicht sagen, warum die Nacht frei
herumläuft, ob sie ein Sträfling ist oder eine Droge, ein Mittel
gegen den Marmor, den wir täglich schlucken.

II

Die Sonne – na ja. Immerhin fliegt sie schneller als die Tauben.
Sie scheut den Lärm. Das seid ihr dort hinten, wenn ihr euch
erhebt. Auch der Tag verabschiedet sich schnell von denen, die
ihn nicht gekannt. Manche verbergen ihre Liebe so, daß ihre
Lippen nicht wissen, wem der Name gehört, der ihnen auf der
Zunge liegt. Vergeßt bei alledem nicht die Werkstatt, in der das
Schweigen aus der Erinnerung das Vergessen formt, die schöne
Unbekannte, mit der ich zusammenleben könnte (obwohl
es schwierig ist, mit seiner Liebe zu leben). Ist sie es, die dort
drüben eingerahmt auf dem Vertiko neben dem Parfum-
Fläschchen aus Murano-Glas die Stunden so verschwinden
läßt, daß auch das Echo aus den Uhren sie nicht finden kann?

III

Ich lese von fernen Ländern, lohfarben, schwerelosen
Blumen, maroden Pfosten, die an zweifelhaften Grenzen
stehen, von Sonnen mit breiten Backenknochen, die sich am
Ural schrammen. Von Ausflügen ins Erdreich und von
Himmelskörpern mit wechselnden Breitengraden, versetzt in
entlegene Gouvernements, wo ihre Karbidlampen den Flüssen
ins Gesicht spucken. Flüssen, die schwärzer sind als die Nacht.
Die Finsternis ergießt darüber ihren Brei, an dem selbst die
Toten kauen. Was ist dagegen das Licht, seine achtzehn Karat,
der falsche Schimmer? Die eigentlichen Labyrinthe beginnen
erst jenseits der Mauer, wo sich durch den abendlichen Wald
ein Weg schlängelt, der immer länger wird, je mehr du gehst,
von Denkmälern gesäumt, die dir sagen: So haben wir es
gemacht, doch das ist nicht wichtig, denn alles ist vorbei.

IV

Die Steine erzählen sich vieles, und der Wind geht vorbei.
Warum auch nicht. Es gibt ein Hotel, in dem du in Gesellschaft
der Planeten übernachten kannst, ohne die geheimnisvollen
Gäste zu stören, die durch viele Flure gehen und es auf die
Schulter der Nacht schneien lassen. Man muß nur die Tür
nehmen, durch die nur die Dunkelheit uns läßt. Nur ein
Vergessen, das die Nacht durchflossen hat, ist durchblutet bis
ans Herz, ein Vergessen, schön wie ein noch nie befahrenes
Meer, auf dem sich die Worte spiegeln wie die Segel der alten
Entdeckerschiffe. Sie sehen, was sie noch nie gesehen haben,
etwas, das alle Wunder von Fatima in den Schatten stellt:
Einen blanken Himmel, voll von Statuen und Bildern. Sie
setzen dich frei.

V

Den Verlockungen der Liebe zum Trotz sollten wir uns beeilen, den Tod einzuholen, der uns schon ein Stück vorangegangen ist. Wir können ohne ihn nicht leben. Er ist das dichte Holz, das uns Unterschlupf gewährt und nicht so leicht aus den Fugen gerät, wenn uns die Sonne wie ein Blitz trifft, der alles entfärbt. Überhaupt die Sonne! Wer kann das begreifen, ich kann es nicht, daß sie rastlos tagein, tagaus wie ein Hamster im Käfig in ihrem Rad um die Erde eilt (einmal Madras und zurück), wobei sie am Himmel alle Kübel über den Haufen rennt, deren Inhalt sich allabendlich über uns ergießt, wenn wir ins Freie treten. Im Netz des Apostels wirst du sie nicht finden, wohl aber den Tod, sein Wort, das wie ein zweiter Atem ist, den sich der Schwimmer holt.

Ich weiß nicht, in welchem Tresor oder wo sonst man den Park
der siebzehn Wunder aufbewahrt, dem man früher an jeder
Ecke begegnen konnte, und unter welchem Kopfsteinpflaster
sich das Unbekannte verbirgt, das mit jedem Beben, ohne um
Erlaubnis zu fragen, die alten Matratzen aus dem Fenster wirft.
Meine Hand reicht keine zwanzig Meilen unters Meer, und
auch meine reiselustige Brieftasche, die zur Zeit wieder auf
eigene Faust unterwegs ist, dürfte kaum bis ins Paläozoikum
vorgestoßen sein. Wir müssen also weiterhin durch einen
Tag gehen, der dunkler ist als die Nacht. Hat sich die Taube
getäuscht? Über der Lagune fallen die weißen Fahnen zusam-
men, und das Schweigen steigt auf die Wälle, wirft sich zum
König auf.

VII

Ich bin kein Geisterseher, der in jedem Nebelschwaden eine
russische Kirche sieht und in jedem Wolkenbruch eine
Schicksalslast. Doch wurde ich hellwach, als ich neulich in den
Auslagen am Ring unter den Szenen aus Ägypten das Wort
Liebe fand. Was ist das? Ich fragte den Tod: Du kennst doch
das Geheimnis der Kühle. Kennst du auch das Gegengift? Oder
sind deine Knochen schon zu weiß für eine Träumerei? Hast du
gesehen, wie die Felder brennen, das Getreide, wenn eine Schar
Vögel sie streift? Ist das die Liebe, eine Liebe, die beschlossen
hat, länger zu leben als du?

VIII

Sieh da, auf meinem Grabstein singt ein Vogel. Er muß übers
Meer gekommen sein wie jemand, der über dem Pflaster
schwimmen kann. Nur daß er nicht die ruhigen Trümmer einer
Heiligenstatue umkreist oder die Stille am Kreuzherrenplatz,
die sich unter grünen Gewölben zu den Pfützen verkrochen
hat – Schwarzwasserpfützen, die ihre Wünsche prüfen, die sie
an das Leben hatten. Ich male seine Lippen rot, damit er
morgen für mich sprechen kann, wenn ich vor zwölf Herren
in schwarzer Robe stehe, die mich nach meinem Leben fragen.

Der Vogel war jung, der Vogel war alt. Er kam weit her, ohne
jemand zu bestehlen. Er trug keine Brille und las kein Buch.
Der Vogel wußte nicht, ob man die Liebe groß- oder klein-
schreiben soll, daß er nur eine Botschaft und kein Vogel war.
Der Vogel wird sterben, sein Gesang ist alles, was von ihm
bleibt. Sein Gesang ist das Wort, das keine Sonne versehrt,
auch wenn sie noch so kocht. Der Vogel wird sterben, doch
sein Wort ist der Fels, der länger lebt als der Tod, weil er zu
schweigen versteht. Versteinerter Flug, der mit dem Himmel
die Klingen kreuzt.

ES IST MIR NICHT GELUNGEN das Ritual der Wolken zu
    begreifen den dunklen Hintergrund des Marmors in
Den sich kein Hirte wagt
Körper Figuren und eine gefaltete Wand an der die
    Blitze gleiten
Weit weg die Großen Ostern in M.

Die Sonne blickt mich vom Grund der Schlucht starr an
    ohne etwas zu sagen
Ich reibe mir die Augen um zu sehen wo ich bin
Wie liegt die Stadt so wüst

Da ist Stein auf Stein der weiße Fluß der auf meinen
    Pfiff nicht reagiert
Da ist die Dunkelheit die keine Auskunft geben kann
    über den der sie geschaffen hat
Da ist im Sternbild der Widder der mit ergrauten
    Wimpern über die Inseln wacht
Die im Weltmeer treiben

Und zwischen zwei Blicken die Kluft die so tief ist
    daß selbst ein Lächeln sie nicht überbrücken kann
Oder eine Träne

EHE WIR STERBEN bäumen sich die Festungswerke noch
    einmal auf im Würgegriff der Sonne die mit einem
Ruck die Türme aus der Erde reißt

Vor mir erblüht eine Rose geflochten aus Staub
Ich hefte sie mir an den Rock der nicht so zerbrechlich
    ist wie die Ruinen von Athen
Die Stunden haben glühende Ränder an denen sich das
    Geheimnis verzehrt

Am Abend lehnt die Sonne an einem Kran
Sie sieht den Schiffen zu die draußen kreuzen ein
    Geschwader aus allen Ecken der Welt jung und
Voller Leidenschaft das zitternd wartet bis die Nacht
    das Wasser in den Hafen schwemmt

Ich trete vor mein Haus betaste die Narben die der
    Schatten auf den Wänden hinterlassen hat
Es sind immer die Wunden die überdauern

DER TAG VERGEHT wie jeder weiß und die großen Monate
    des Sommers ziehen wie Erzengel dahin von
Brandschiffen begleitet deren Laub auf den rauhen
    Lippen der Meere tanzt

Unterhöhlt von der melancholischen Flut des Mittags
    brechen die Gewölbe ein
Das Geprassel der Steine das von den Wänden widerhallt
Im Kreuzgang der Wind erschlagen verstohlene Schritte
    Stille
Sie breitet sich aus wie Blut das langsam über die
    Fliesen rinnt

Nur Dinge die niemals geschehen umgeben uns

Hoch in den Lüften ruhen die Vögel aus
Ihr Jerusalem ist ein schwereloses *parador* für dessen
    Zutritt keine Marmorplatten vonnöten sind
Ein Gott den wir nicht kennen und der über sie wacht
    läßt ihren Fuß nicht gleiten
Sie ruhen aus
Er schlägt seine Flügel für sie

DAS GEZWITSCHER DER TOTEN VÖGEL in das immer tiefer
   der Abend versinkt einer im Urwald vergessenen
Lokomotive gleich die kein Kran und keine Trosse mehr hebt
Manchmal nehmen die Wälder eine rotglühende Färbung an
Dann wieder schmelzen sie dahin wie das so ist

Schon gut

In der Senke ein versteinertes Dorf von dessen Schindeln
   der Tag wie eine schleichende Krankheit weht
Gelegentlich Bruchstücke von Licht
Ich grabe sie aus

Liegt es an meinen Augen oder ist es dieses unleserliche
   Sanskrit daß so vieles rätselhaft bleibt und der
Tag immer dunkler wird je weiter ich lese

Man tut gut daran sich an schlichte Wahrheiten zu halten
   an einen Augenblick zum Beispiel der länger dauert
Als die vierundzwanzig Stunden die es noch immer
   geben soll

Es stimmt es gab einen Grashalm der lachen konnte
   bevor man ihn schnitt
Ich kannte sogar einen Vogel mit blauen Augen
Er drehte sich nach mir um

Was soll ich noch sagen

      ›KOMM WIR FRAGEN DEN TOD AUS
   WARUM DAS LEBEN NICHT SEIN KANN
      WIE ER STILL UND SCHÖN‹

DIE LEERE DES TAGES mit Vogelaugen
schminken Das ägyptische Gelb

Der Sonne den Fangschuß geben die
unsterblich ist solange sie lebt

Steine pflanzen damit der Gärtner
im Klee Ruinen ernten kann

*

IN DER LOGE kupferne Laternen Das
Geräusch der Wolken darüber ein

Gesicht ohne Haut das den Fels über
dauern wird Im Blattwerk die Wellen

der Vögel die ein Farbenspiel
hinterlassen Strudel in meiner Brust

UM DIE STIRN der feine Rauch von
Flintenschüssen Im weißen Burnus die

Küste von ASTRACHAN Die Steine können
Gedanken lesen Sie stellen auf das

Tablett Worte wie Küsse und Schnee nach
denen das Meer mit schwerer Zunge sucht

*

ICH SCHLAFE UND DIE ERDE WÄCHST ein
Salon aus grünem Laub zurückgeworfen

vom Gesicht der Steine hinter dem sich
unsere Blässe verbirgt Eine Rose die

wie ein Schlafwandler mein Haus umkreist
Wenn sie Regen sagt wacht es auf

VOLTERRA ich lehne an der Mauer und schaue ins Land
        hinab bedrängt von der Sonne und ihrem feindlichen
Licht gegen das die Erde heftig rebelliert

Vier Greise kommen langsam die Straße herab rieseln
        wie Schneeflocken durch das Etruskertor das unter
Der Last des Himmels den Rücken krümmt
Eines Himmels der sich hier ein Nest aus Stein geflochten
        hat eine lehmgraue Stadt

Die Hügel sind Wolken angeschwemmt von einem
        Meer das zwischen oben und unten noch nicht
Unterscheiden konnte und das Land überwuchs wie
        eine Decke unter der etwas begraben liegt

Älter als die Greise und geboren aus einem
        Schlangennest sind die MAREMMEN deren salzige
Gischt die Stadt hoch emporgetragen hat so hoch
        daß die Sonne noch heute Mühe hat
Den Berg zu erklimmen

Hier beachtet dich keiner wenn du auf die PIAZZA DEL
        PRIORI gehst um auf dem Pflaster mit dem Licht
Mikado zu spielen
Und natürlich nimmt auch die Ewigkeit von dir keine
        Notiz
Sie liegt hier weit zurück

MEINE ENGEL SIND ZWEI OLEANDER die sich am Ortsrand
    niedergelassen haben in einem Landhaus das in
Einer seltsamen Metamorphose alle Fächer in meiner
    Brust geleert hat

Auf diese Weise gelangte ich in den Besitz einiger
    Buchstaben die ich nur vom Hörensagen kannte
Und die zusammengesetzt das Wort LIEBE ergeben
Wenn ich es ausspreche fällt in meiner Kammer die
    Gitarre vom Haken

Das sind Dinge die ich nicht begreifen kann

Die Zündhölzer in meiner Tasche kennen sich da
    besser aus
Leicht entflammbar liebäugeln sie schon mit den Rosen
    die nicht so begriffsstutzig sind wie ich dem es
Nicht einmal gelingt einen Waldbrand zu entfachen

Herzdame auf Herzbube bis die acht Könige oben liegen
Das sagt sich so leicht

Jetzt male ich Votivtafeln für die Bauern im Treviso
    tauche die Spruchbänder der Engel tief ins Blau

IN GARACHICO BIN ICH ALBERTI BEGEGNET

Das versunkene Hafentor der kleine Garten die Treppe
Die Schatten sprangen in den Stein zurück als er mir
    entgegentrat einen Steinwurf von der Lavahalde
Entfernt wo sich jemand anschickte unter dem Gekreisch
    der Möwen mit leerer Brust und vollem Koffer
Über das Meer zu gehen

War ich das
War er das

Ich erkannte ihn wieder an den geschlossenen Augen mit
    denen er nächtelang umhergegangen war
Wir gingen zum Brunnen wo schon ein Oleander saß
    und unterhielten uns über das Schweigen das tiefer
ist als der Brunnen

Hier ist nicht der Platz sagte er auf dem sich die
    Milchstraße ein Weizenfeld ersehnt worin sie nur
Eine Stunde lang liegen und träumen könnte
Um alle Ecken fließen mehr Steine als sie der Himmel
    zählen kann
Wenn sich die Kanone auf dem Kastell gegen sie richtet
    ballen sie die Faust

Ich denke daß auch er einer ist der dem Luftweg seines
    Blutes folgt auf die Gefahr hin an den Gestirnen
Zu zerschellen
War er wirklich ein Narr als er die Worte schrieb

      ›MEINE FÜSSE HABEN BEWIESEN DASS
        WENN ES STEINE AM HIMMEL GIBT
          DIE HARMLOS SIND‹

GARACHICO EINES TAGES reißt sich die Stadt vom
    Felsen los
Die Fenster öffnen sich von selbst und schütten
    Vögel aus gehalten am Faden einer glühenden Hand
Ich hauche einen Kuß auf den Kalk und beschließe
    zu schweigen

Ich sage es noch einmal
Unverhofft treten aus dem Inneren filigrane Schatten
    auf die Balkone und tasten sich ins Leere
Durch das wappengeschmückte Tor treten sie einem
    Himmel entgegen der ihnen von den Bergen
Entgegenrollt

Andere fließen in der IGLESIA SANTA ANA um den Altar
    und sprechen Sätze aus die so leise sind daß
Ich sie nicht hören kann

Wir sollten uns umarmen damit unser Grab nicht auf
    tönernen Füßen steht

Ich gehe noch einmal zurück vertäue das alte Hospital
    den gemarterten Rosenstock fest mit meinem
Gedächtnis bestürzt über das Licht das mit einem Schrei
    auf dem Hof zerschellt
(Ein Sturz aus großer Höhe)

Werden sie halten die morschen Balken der Erinnerung

175

EINIGE WERST VON HIER segelt der
Ural vorbei Die Schatten zögern ihm

zu folgen Aufgewacht in einem fremden
Land rufe ich die Sonne zu den Waffen

Auf dem dunklen Pferd meiner Feinde
werfe ich Schildpattmuster ins Gras

*

ALS MAN DEN MOND noch mit einem Säbel
hieb zerteilen konnte und verborgene

Seelen die Zündsteine in den Klöstern
hüteten fand ich Deinen Namen zwischen all

den Silben und Lauten nicht wieder Jetzt
steht eine Wache vor meinem Mund

WAS AUF DEM GROSSEN DEICH geschieht
eine Handbreit vor dir kannst du im

39. Psalm nachlesen Der Abend verwundet
Vögel schießen aus den Gebüschen ohn

Unterlaß Jemand wirft die Leiter weg
Die Hoffnung kommt nicht mehr in Böen

＊

EIN SCHUSS PATINA der Efeubaldachin
und jener Pferdebahnhof im Kaukasus

von dem schon die Rede war sind genug
sich durch die Menge zu zwängen und

den Abend schmelzen zu lassen damit
die Nacht ihr Gold darüber gießen kann

JEMAND SCHIEBT MIR zwischen meine zwei
Finger ein Wort Ich fülle damit meine

Koffer die ich von Deck stoßen werde
wenn der Himmel unter der Last des Abends

zusammenbricht Eine Sonne die rücklings
durch den Golf der Schatten treibt

*

BEI DEN JANITSCHAREN schlucke ich
dornige Worte blättre Steine um

Seite für Seite horche auf das Geschiebe
der Wolken Geröllhalden Ich beringe

den Schnee damit ich ihn wiederfinde
in unserem totenstarren Land

EIN SCHUSS DÄMMERUNG und die Jalousien
sacken in sich zusammen. Auf der Straße

stehen die Laternen wie Betrunkene herum
Die Städte schlafen in ihren Straßen

Meine Krankheit ist wach zu liegen dort
wo mein Schatten ein Loch gegraben hat

*

NICHT WEIL DER WINTER es will der zwanzig
Schuß weit von hier den Bienenstock durch

die Hände gleiten läßt und sich am selben
Längengrad in meine Richtung hangelt

Ich verliere die Erde aus den Augen weil
sie sich fortbewegt schneller als ich

179

ES GIBT DIE SCHÖNHEIT DER TIEFEN WASSER auf deren Grund
    in ihrem Blut gebadet eine alte Sonne glüht
Der wurzelkühle Erdgeruch Lachen die sich zu einem See
    verbinden ein sanfter Fluß der in seinem Versteck
Ohne Anfang und Ende ist

Schilf das den Kahn besteigt ein Kahn der sinkt
Die Schatten werfen ihr diffuses Licht an Land
In der Ferne ein von Spiegeln erhelltes Schloß das
    nicht an Rückkehr denkt und dessen Bibliothek
Nachts in Flammen steht

Es gibt noch immer dieses sagenhafte Rote Meer dessen
Lippen darauf warten daß jemand sie teilt
Aber ich spreche von dir wenn ich das Wasser beschwöre
    in dessen Falten sich eine Muschel birgt die mir
(der japanischen Blüte im Glase gleich) alle Farben
    meines Lebens zeigt

Das Herzrasen der Steine ist nicht der Sturm der
    meine Wunden peitscht
Mit beiden Händen umfasse ich deine nackte Brust
Das ist es was ich nicht begreifen kann mein Leben
    das zwischen drei Ufern verhallt
Nutzlos wie ein vor Jahrhunderten abgefeuerter Schuß

DER WIND HAT VERGESSEN wo seine Wiege stand
Er geht jetzt ganz in Schwarz und verlangsamt seinen
    Schritt um nicht in das Dunkel zu treten

Die Vögel sagen ihre letzten Verse auf
Sie wirbeln noch eine Weile durch die Luft dunkle
    Flocken die immer dichter werden
Dann streckt die Erde die Hand nach ihnen aus

Wer jetzt in die Luft greift beschmutzt sich die Finger

Es ist besser man hat seine Koffer gepackt und geht
    davon ohne sich auf die Nacht einzulassen die
Sich schon durch das Geschepper herabstürzender
    Dachziegel bemerkbar macht

Früher stürzten Engel auf die Erde ein Fehltritt oder
    weil sie gegen ein Verbot geprallt waren
Heute liegen nach fünf Uhr abends so viele Tote in
    den Straßen daß man vom Fenster aus nur noch
Ihre Träume sehen kann

DIE ERDE GIBT NACH und der Tag sinkt tiefer ein
Die Leute räumen ihre Stuben aus und stellen die
        Dunkelheit vor die Tür
Das ist etwas was ich ohne Karbidlaterne erkennen kann

In der BIBLIOTECA AMBROSIANA gibt es ein Bild das einem
        die Augen leert je länger man sich darin aufhält
Es ist als bröckele im Inneren etwas ab
So wirft die Nacht ihr Herz voran und die Finsternis
        folgt nach

Die Tiere flüchten ins Tal das sich langsam mit Schatten
        füllt bis es überläuft
Ich tauche mit dem Becher ein und fische mir aus dem
        Teich die geheimnisvollen Buchstaben die
Zusammengesetzt das Wort SCHLAF ergeben
Ich will versuchen es für euch niederzuschreiben

Sie sind noch feucht   Der Teich   Zuhause hatten wir
        Karauschen im Teich   habe sie vom Boot aus
Gefüttert es roch so gut nach Teer   die Sonnen
        kringel   auf dem Wasser   das

Ach ja das Wort   was war damit   was war das
        für   ein   Wort
                Karauschen
                T e i c h

aus: WORAN ICH MICH
ERINNERN WERDE

(I–IX)

Ich weiß nicht, ob das Leben zu wenig oder zu viel für mich ist.
Ich weiß nicht, fühl ich zu wenig oder zu viel, ich weiß nicht,
ob mir geistige Bedenklichkeit fehlt,
Stützpunkt in der Intelligenz,
Blutsverwandtschaft mit dem Geheimnis der Dinge,
Schock bei Berührungen, Blut unter Schlägen,
Erschütterung bei Geräuschen,
oder ob es dafür eine andere, bessere Deutung gibt.

(Fernando Pessoa)

I

Ich lebe, schlafe, träume … oder vielleicht auch nicht? Wenn
du erwachst, bist du sicher, daß die erste Glocke geläutet hat?
Ertrunkene Täler tauchen auf, dunkel wie ein Lastkahn auf
dem Asowschen Meer. Ich habe mir sagen lassen, daß den
Schatten schwindelig wird, wenn sie am Morgen Schritte hören,
Geräusche (das Keuchen des Lichts oder gar den Schrei, wenn
der erste Sonnenstrahl dem Tag helle Punkte in die Augen
sticht). Daher das Gepolter, die umgeworfenen Stühle, das
Türenschlagen, nur weil im Dorf eine Brunnenwinde kreischt.
In die schwarze Schicht unter dem Humus verkriecht sich
die Nacht. Auch sie kann das Licht nicht vertragen, dieses
mohammedanische Licht, das, aus dem Schlaf gerissen von
dem Geschrei eines Muezzin, schneller bei uns eintrifft als
der Orientexpress. (Ich frage mich, wie es das schafft. Der
Bosporus, die Triestiner Alpen, der Plattensee. Seltsam.)

VII

Ich frage mich, wie es wäre, wenn es kein Leben gäbe, nicht
diese mit Türmen übersäte Stadt und nicht das rasende Auf und
Ab der Sonne. Nicht dieses Zittern und Zagen der Dunkelheit,
deren Verstand schon umnachtet ist, und nicht diese sterbens-
müde Hand, die nicht müde wird, Buchstaben über den Tisch
zu würfeln und mit den Fingern darin herumzufahren, nur um
mühevoll einen Satz zu schichten, der gleich wieder zusammen-
fällt, schlecht geeignet, mir das Leben vom Hals zu halten, das
ganze Weltall, das über uns bedrohlich schwankt und so
baufällig ist wie der Balkon, auf dem die Sonne steht (und der
auch nicht mehr lange halten wird, trotz der vielen Bautrupps,
die mit ihrem Kleister hin- und herrennen).

Die Flüsse fließen dahin, ohne stillzustehen. Sie haben keinen Schlüssel nötig, mit dem man sie aufziehen muß. Das mag daran liegen, daß sich ihre Welt nicht rückwärts dreht, ich meine gegen den Uhrzeigersinn. Sie lieben den Regen, der zu ihnen zärtlich ist und die gleiche Sprache spricht, mit der sie zu den Ertrunkenen reden. Auf ihrer Fahrt hinüber pflücken sie Bilder (einen niedrigen Himmel, vom Abend gefalzt, eine Anlegebrücke, möbliert mit einem Schilderhaus, die blauen Schatten der Statuen in der Allee). Das sind Blumen, die drüben willkommen sind, in diesem Jenseits, das uns nicht kennt und das wir niemals kennenlernen, weil es nicht gewesen ist, als wir waren, und ist, wenn wir nicht mehr sind.

Ich will eure Zeit nicht vergeuden. Daher für euch, ihr Schönen, nur noch dies. Das Geheimnis des Lebens, Zeit, Schicksal und Tod werdet ihr nicht lösen, auch wenn ihr so schön seid, daß man euch nur voll Trauer betrachten kann. Wenn ihr nicht wißt, wohin ihr geht, dann wird euch jede Straße hinführen. Es gibt das Rasseln des Maschinenwerks und den dumpfen Aufprall der Sonne, die man gerade, weil irgendein Plan dies vorsieht, auf die Erde herabgelassen und hastig in einem Erdloch vergraben hat. Es gibt eine Stille, in die sich das Sirren der Zikaden bohrt. Es gibt Wolken, die vor der Nacht verglühen, ein stilles Dorf, den Würfel des Glücks. Seht sie euch an, bevor die Dunkelheit alles verwischt. Seht auch den Lokomotiven nach, die sich aus ihren Gleisen erheben und langsam im Wind dahintreiben wie Vögel, die gegen Abend, bevor sie einfallen, über entlegenen Mooren kreisen, schon halb versunken im Schlaf. Das gibt es also auch.

III
(1997–2006)

DAS HAUS VERLASSEN. Nur wenig mitnehmen. Eine
Handvoll Schatten, den Umriß von Tisch und Stuhl.

Die Schlüssel liegenlassen, die weißen Seiten
zwischen den ungelebten Jahren deines Lebens.

Dieses Leben. So, wie man die Sprache verläßt,
um mit der Stille zu reden. Einziehen in Trauer

und Schnee, auf die sich unser Herz verläßt.
Sich niederlassen in einem Wort, das man noch

nicht gefunden hat, um das man erst
mit dem Tod würfeln muß.

KENNT IHR DAS GEFÜHL, daß uns alle drei Dimensionen,
    an die sich unser Dasein klammert (oder waren es
vier), mit einem Schlag abhanden gekommen sind, als
    wären sie in einen Schlund geraten, in das
Schwarze Loch, das schon mit dem großen Aufräumen
    begonnen hat und dort oben alle sichtbaren und
Unsichtbaren Dinge wahllos heruntergeschluckt?

Es ist, als ob sich das ganze Dasein verhaspelt hätte.
Selbst die Luft scheint sich aufgelöst zu haben.
Man atmet nur noch Leere ein.

Das Nichts breitet sich wie Wasser aus.
Die Uhren keuchen unter der Last, die schwer auf
    ihren Lungen liegt.

Ich frage mich, ob ich noch lebe oder ob das, was
    meine Rippen schüttelt, nur der Motor ist, der
Nach dem Unfall sinnlos weiterläuft.

Auch die Liebe, selbst sie ist im Schwinden begriffen,
    obwohl ich mir alle ihre Buchstaben fest eingeprägt
Habe und ihren Namen auswendig hersagen kann.

Ich vergesse sie, wie uns Gott vergessen hat.

1968

1970er Jahre

Mit Ehefrau Gertraud, 1980er Jahre

Sommerhaus in Saalberg / Zachełmie, erbaut 1900,
in den 1930er Jahren

Namensschilder, Kronshagen

Am Schreibtisch, 2004

Christian Saalbergs Hermes Baby, seine »launische Geliebte«

DAMIT IHR ES WISST:

Sollte ich alt werden und nicht mehr imstande,
    den Mädchen nachzustellen oder andere
Wunderbar verrückte Dinge zu tun, Dinge, die
    wie ein Geist über dem Wasser schweben,
Auch wenn man ihnen einen Fußtritt gibt

Sollten sich also alle Schrauben und Rädchen
    in mir so lockern, daß ich auf dem alten
Gemäuer die weiße Fahne hissen muß, werde ich
    euch zu guter Letzt zeigen, wie man die
Lippen dazu bringen kann, das einzige Wort
    auszusprechen, das auszusprechen sich lohnt.

Erinnert euch daran, wenn der Regen das Schweigen
    verflüssigt, Welle um Welle, und euer Herz
Tief unten auf Etwas gestoßen ist, das heftig,
    schön und schrecklich, nach diesem Wort
Verlangt, ohne das ihr nicht leben könnt.

Fax an Tochter Viola, Gedicht »Damit ihr es wißt«
mit Karikatur, 2002

2004

Entwurf des Gedichts »Sag mir nicht«, undatiert
(siehe S. 261)

1997

IN DER DRITTEN MINUTE DER MORGENRÖTE sah ich
    für einen Augenblick den Farbton des Windes, der sich
Mitten durch die Landschaft zog wie ein Fluß.

Ich werde ihn einem Maler vermachen, vielleicht Hokusai,
    der ihn befreit von allem Astwerk auf seiner
Pinselspitze versammeln wird.

Auf dem seidenen Fuß wird es ihm leichter fallen, die
    Linie zu überqueren, das vollkommene Vakuum, das
Diese Welt von jener trennt.

Denn das Draußen ist nicht die Natur, habe ich mir
    sagen lassen, auch nicht das Halbdunkel in den
Stuben der Väter.

Wenn unser Leben im Dunkel der Erdenschale versinkt,
    wird der Fluß ein Weg sein, der aus dem Jenseits
Nach uns greift.

IN MEINER BRUST gibt es einen gepflasterten Hof, auf
    dem die Fuhrwerke hin- und herrumpeln.
Die einen laden Steine ab, die anderen laden sie
    gleich wieder auf.
Obwohl ich nicht weiß, was das Ganze soll und ein
    Dutzend Sinne zu wenig habe, um dieses Treiben
Zu durchschauen, habe ich mich im Laufe der Jahre
    daran gewöhnt.

Es ist wie das Ein- und Ausatmen, das funktioniert,
    ohne daß ich auf einen Knopf zu drücken brauche.
Wenn ich tief Luft hole, fallen gelegentlich Ziegel
    vom Dach, die ich zu den Kisten fege, die
Sich in den Ecken angesiedelt haben.
All das wirbelt wie wild in meinem Kopf herum, wenn ich
    versuche, einen klaren Gedanken zu fassen.

Ich habe eine gute Stube, vollgestopft mit Papageien
    und geblümten Tassen.
Im Stock tiefer sitzen Banditen beim Kartenspiel, denen
    ich nicht mit Milchkaffee kommen kann.

Es gibt Kammern, die ich nie betreten habe und solche,
    die nur nachts offen stehen.
Sie sind weiblicher Natur.
In ihnen richten sich meine Träume wieder
    nach vorne aus.

DAS MEER, DAS SICH ABSEITS HÄLT, als ob es nicht an
    unserem Untergang teilnehmen will, als ob es uns
Nicht gäbe.

Über mir das Hochamt in den Wolken, gefeiert von den
    Winden, die sich Notizen machen.

Ihr *Journal métaphysique.*

Eintragungen, die ich gern gelesen hätte.
Wie ich das Buch auch halte, es fällt kein Wort heraus.

Endlich tief erschöpft der Regen.
Tropfen, auf denen ich gehen kann.

DIE SCHLÄFEN BRECHEN ZUSAMMEN, schwierige
   Ruinen, die eines Tages ohne viel Gepäck von der
Reise zurückgekehrt sind.

Diese heftigen Gewitter, vollgestopft mit Blitzen, denen
   die Lust vergangen ist, in ihrem Käfig zu
Verschmachten.

Der Mund hat das Wort gewechselt und das Wort den Mund.
Der Nachmittag war lang.
Jetzt sind sie bereit, Besucher zu empfangen.

Die Attentate des Sommers sind verrauscht und die Vögel
   haben ihre letzten Patronen verschossen.
Selbst den Sonnenstrahlen kommt die Idee, hier nicht
   mehr ganz am Platze zu sein.

Die Tamarisken schütteln ihr Federkleid, bevor sie
   durch den Abend fliegen.

Meine Geliebte ist eine Lampe, die bittersüße Schatten wirft.
Es kommt darauf an, Posten aufzustellen, damit keine
   Umarmung entkommen kann.
Wir sollten niemandem erlauben, auch dem Leben nicht,
   einfach so zur Tagesordnung überzugehen.

AB UND ZU ZÜNDEN DIE WOLKEN EIN STREICHHOLZ,
    das gleich wieder erlischt.
Es ist, als wollten sie etwas suchen, als wollten sie
    etwas erhellen, vielleicht einen Weg.
Aber da ist kein Weg.
Es gibt keinen Weg.

Es gibt Bäume.
Immer haben sie Angst, lebendig begraben zu werden.
Darum zittern sie, wenn sie Schritte hören, lassen
    plötzlich die Blätter fallen, stellen sich tot.

Und es gibt den Regen.
Ich weiß nicht, woher er kommt.
(Man hat es mir erklärt. Es ist ziemlich
    kompliziert. Ich habe es nicht verstanden.)
Aber jetzt ist er da, steht am Fenster und läßt den
    Duft des Eukalyptus ein.

Das Getuschel der Schatten, ihr *basso continuo*.

Im Saal setzt sich die Nacht ans Klavier, schlägt erst
    die schwarzen Tasten an, und dann die weißen.

197

DAFÜR WURDEN WIR GESCHAFFEN

Mit Fingern, die in der Erde wühlen, damit der Tod
   leben, damit das Leben sterben kann.

Mit einer Zunge, von der sich die Lüge schneiden läßt,
   eine Lüge nach Maß, die sich für die Wahrheit hält.

Mit einem Herzen, über das sich der Marmor ergießt, bis
   es sich an nichts erinnern kann, obwohl soviel
Nachdenklichkeit über die Steine rinnt.

Mit einer Handvoll Buchstaben hinter der Stirn, mit
   denen sich ein Bau errichten läßt, der gleich wieder
Zusammenstürzt.

Mit Augen, auf denen wir durch das Leben balancieren,
   obwohl wir nicht einmal uns selber sehen können.

Mit einem gepackten Koffer in der Hand, um nirgendwohin
   zu reisen.

Schnell, gebt mir eine Leiter, schnell die Leiter.

DIE WELT IST SCHÖN

Früh kommt die Sonne.
Sie kommt von allein, man muß sie
    nicht erst bitten.

Vom Tod weiß sie nichts und die nicht zu
    lösenden Rätsel, an denen wir kauen,
Wirft sie hinter sich ins Blau, aus dem
    kleine, weiße Wolken steigen.
Mehr will ich nicht sagen, weil es gerade
    Abend ist.

Der Abend.
Laßt euch nicht beirren, es sieht nur so aus,
    als ob er Fieber hat.
In Wahrheit geht er nur vom weißen Wein zum
    roten über.
Na bitte.

Seine Müdigkeit steckt an.
Gewöhnlich blättert er noch ein wenig in den
    Sternen und schaut sich die Bilder an.
Dann fällt ihm das Buch aus der Hand.
Ich kenne das.

Ich vergaß, etwas über den Mittag zu sagen.
Breitschultrig steht er inmitten der
    Feuersbrunst.
Laßt euer Geld stecken.
Die Scheine, die ihr ihm reicht, gehen sofort
    in Flammen auf.
Das sieht wunderschön aus.
Er ist aber auch ohne Bezahlung zu haben.

Nun schließe ich das Fenster, ziehe den Vorhang
    vor und sage etwas über die Nacht.
Ich will sie Nadja nennen, denn so beginnt
    die Hoffnung.
(Gott verzeihe mir dieses große Wort.)
Alle Wunder der Liebe entdecke ich auch an ihr.

Ich träumte, daß es einen Weg gibt von dir
    zu mir.
Wir wollen ihn gehen in der Tiefe unserer
    Einsamkeit.

Ich sage es noch einmal:
Die Welt ist schön.
Ihr braucht nicht zu verzagen.

HEUTE IST SONNTAG, den ganzen Tag, ohne daß sein Name
    schmilzt.
Auch der Weizen denkt nicht daran, die Farbe zu wechseln
    obwohl
Obwohl man denken könnte, daß es eine Vergänglichkeit
    gibt, wenn man nicht gerade die Augen schließt.

Es soll sogar den Tod geben, auch wenn er arm dran ist
    und nach den Regeln der Rechtschreibung mit drei
Buchstaben auskommen muß, zwei weniger als das Leben.

Behutsam nähere ich mich dem Wind, fasse ihn an.
Es gibt ihn wirklich.
Es gibt ihn wie den Fuchs, der am Kapellenberg schnürt
    und ein Fuchs und keine Nonne ist, die dort oben
Eine Novene beten will.
Da bin ich mir sicher.

Könnte es sein, mir kommt der Verdacht, daß alles ist,
    wie es ist, daß es wirklich das Abendrot und kein
Saft ist, der sich über das Meer ergießt, kein Hirngespinst
    wie die Zeit, die im Nu verdunstet, wenn ich nicht
An sie denke?

Oder habe ich mir das alles nur ausgedacht, hier am
    Schreibtisch, obwohl ich nur die Stimme meiner
Worte bin, obwohl

DIE WORTE fallen von mir ab
Blatt für Blatt verliere ich
die Sprache

Ich gehe auch nicht mehr in
die Gärten von Padua weil alles
Brennbare an mir spurlos
verschwunden ist

Wenn sie stumm ist blüht meine
Sprache auf wie Flieder

Langsam wächst im Blatt der
Baum

AUF DEM WEG von Campione nach
Tonda dell Monte kam mir
die Dunkelheit entgegen
raubte mir aus den Augen
das letzte Licht

Da lernte ich die Finsternis kennen
(ich kannte sie nur dem Namen nach)
verbrachte mit ihr
eine lange Nacht

Ihre Arme
ihre Augen
ihr Licht

Wen soll ich lieben
wenn der Morgen kommt

DAS WAR MEIN TAG

Bin aufgestanden habe gegurgelt
habe mich rasiert

Sah am Fenster wie ein Geschoß
vorüberflog

Das war die Sonne
Das war mein Leben

das ich noch einmal sehen kann
bevor morgen ein Stein

meinen Namen trägt

NOTIZEN ZUR SONNE

Manchmal in einem schönen Garten
zerriß die Sonne mir die Brust.
(Charles Baudelaire)

Schwierig, ihrer habhaft zu werden. Neulich wollte
ich sie an den Schuppen nageln, um sie zu häuten.
Da flog ein Vogel vorbei. Sein Schatten schnappte
sie mir vom Haken.

*

Hätte sie gern auf meinem Speicher, wo schon
hundert andere Dinge liegen, mehr tot als lebendig.

*

Der Himmel verfüttert sein letztes Blau, ohne das
die Sonne nicht leben kann.

*

Im Sommer legt sie sich gern in die Bäche, um ihre
Wunden zu kühlen.

*

Ich betaste ihre Male und glaube ihr nicht.

*

Sie gleicht einer irregeleiteten Kerze, die am Tage
brennt und nachts erlischt.

*

Selbst der nasse Tod ist ihr versagt,
obwohl sie es jeden Tag versucht.

Wenn die Sonne versinkt, besucht sie die Welt der Fische.

*

Es gibt Nächte, in denen sich die Sonne verfinstert
und Tage, in denen der Mond sich selber tilgt.

*

Die Sonne kann noch die Würgeengel sehen, die dort
vorn, ohne sich umzudrehen, mit hochgestrecktem
Finger das Zeichen geben, ihnen zu folgen.

*

Ich frage mich, warum die Sonne nicht stehenbleibt.

*

Hat man erst der Sonne ein Leck geschlagen, kann
man sicher sein, daß sie untergeht.

*

Nach der großen, weiten Leere des Tages der
Hohlweg, die Einflüsterungen der Schatten, die
feuchten Lippen der Nacht.

*

Es ist nicht die Sonne, die mich stört. Es ist das Leben.

AUCH WENN ES NICHT SO SCHEINT, bin ich
      noch am Leben.
Wenn ich nicht mehr bin

Wird die Universität von Toledo am Abend ihre
      Tore schließen und am Morgen wieder öffnen
Werden sich auf dem Meeresgrund vor Tauris die
            Fische zum Gottesdienst versammeln (in der
Basilika des Heiligen Klemens, die dort
      versunken ist)
Wird durch die Nacht ein Stein fliegen, vor dem
      ihr euch ducken müßt
Werden die Dichter geduldig auf den Tod warten,
      den sie schon lange kennen
Wird ein weißer Handschuh den Schutt aus den
      Briefkästen räumen

Werden sich all diese Dinge ereignen, als sei
      nichts geschehen.

MANCHMAL SCHREIBE ICH EINE ZEILE und warte,
    ob noch etwas kommt.
Doch es kommt nichts.

Kein Aufschäumen der Seele.
Kein Licht, das die Sonne aus den Angeln hebt.
Kein Wort, das einem Schuß mit zwei Treffern gleicht.

Nur dort hinten der Rauch einer Ziegelei und
    zwischen Mariä Geburt und Himmelfahrt der
Herbst.

Ich lege mir ein Fünfkopekenstück auf die Stirn,
    für die Kutsche, mit der ich das tote Meer
Zwischen meinen Schläfen umrunden kann.

ALVARO SAGT, es lohne sich nicht die Mühe,
     daß es Leben gibt.
Steckt sich eine Zigarette an und schiebt
     die Reise auf, schiebt alle Reisen auf.
Komm morgen wieder, Wirklichkeit!

Auch ich frage mich, was geht es mich an, ob
     die Bäume grün sind oder was aus der
Fassade der Pariser Oper geworden ist.
Ist das nicht alles ein Scherz?

Dennoch geht die Partie unentschieden aus.

Da gibt es die leere Straße, die das Licht
     einmal täglich fegt, belauert von der
Angst, in ewigen Schlaf zu fallen.

Es kommen die Schatten, die tonnenweise
     Schutt abladen.
Die Erde wird von starken Winden ins
     Schwanken gebracht. Doch sie lebt nicht
Schlecht.

Es hält, auch wenn man nie weiß, wie es
     ausgehen wird.

NACH DER VISITE beim Arzt drehe ich den Nachttisch
    um und sehe zu, ob ich etwas zum Überleben
Finden kann.

Ich finde die *Kostbare Tinktur*, das *Orientalische Tonikum*,
    die *Gordona Spezifisch*, die *Bristolpillen*,
Das *Englische Wasser* und den *Himmlischen Balsam* –
Medikamente für Leute am Amazonas, die darauf schwören.
Mein Fall ist das nicht.

Lieber schlucke ich einen in Flammen stehenden
    Wald und lasse meine fünf Gedichte verschwinden,
Die zusammengelegt einen Vogel ergeben, der seine
    Flügel bewegt.

Wozu habe ich die Sprache, dieses alte Kraut, das mir
    schon bis morgen über die Runden helfen wird.

DER HIMMEL HAT BEWEGLICHE FLÜGEL
und der Wald ist eine Gardine, hinter der sich
Ein Schatten bewegt.

Die Sonne geht wie ein Sterbefall durch mein
Leben, das die Nacht durchquert, ohne zu
Wissen, ob es auftauchen wird und vor wem.

Das Geräusch der Schritte im Laub, das wie das
Geraschel kommender Katastrophen klingt.

Mit ein, zwei Strichen halte ich fest, was ich
gerade noch erkennen kann:

Vögel, die vom Dachfirst wehen.
Das Wuchern der Alleen nach Einbruch der
Dunkelheit.
Den letzten Laut des Lichts.

DER WALD ZIEHT DEN VORHANG VOR,
damit er sich zur Ruhe entkleiden kann.

Die Vögel machen eine Schleife und kehren in
die Käfige zurück, denen sie am Morgen mit
Einem Triller entwichen sind.

Die Zikaden haben eine Medaille verdient.
Sie setzen ihr Leben gegen die Dunkelheit aufs Spiel.

Das Nein entfernt sich und das Ja kommt näher.

Im Schlaf hole ich Atemzüge ein, die vor mir
gelebt haben, in einer anderen Zeit.

DIE SCHÖNEN LIPPEN sind offen oder geschlossen,
    je nachdem, welche ungewöhnliche Helle
Gerade im Inneren unserer Stuben erlischt.

Das blühende Feuer der Schiffsgeschütze, ein
    schütter gewordener Sommer und die
Sterbliche Gegenwart des Windes, der seine
    Blätter mit einer einzigen Bewegung fallen läßt.

Auf der Straße ein durchlöcherter Mantel und
    die sieben Kuppeln von S. Antonio (einer
Kirche, die sich selbst belagert).
Die heitere Stimmung von Wolken, die aus
    dem Jenseits kommen.

Was soll man tun?
Leute, die zu schlafen scheinen, fliehen in die
    andere Richtung, fort aus dieser Stadt.

Alles ist da.

MAN SAGT, daß das wahre Leben abwesend sei.
Sucht es, wo es nicht ist. Ich kenne keinen
    anderen Ort.

Man sagt, daß Vergessen nur den Göttern gelingt.
Seid still.
Bin nicht gewesen, bin gewesen, bin nicht mehr.
Keine Sorge.

Man sagt, daß nur gelingt, was unvollendet
    bleibt, verpaßt und fallengelassen.
Ich verstehe schon.

Der September verbrennt die alten Tage.
Aus den Trümmern klaube ich mir vom Himmel
    das letzte Blau.
Schminke für die Augen, wenn es graut.

DER VERSUCH, die Traurigkeit zu entschlüsseln.

Die herben Beeren der Judaskirsche.
Massenhaftes Gesträuch, das durch den Sommer dringt.

In der Lombardei ein Dom, der von Säulen getragen
    wird, die tief in der Erde verwurzelt sind.

Ja, was eigentlich?
Ich vermeide das nichtssagende Wort, das mir
    auf der Zunge liegt.

Eine Schranktür knarrt.
Lange hat ihr Holz dem Feuer widerstrebt.

Es gibt kein Jenseits.
Jenseits, das ist hier.

NAMENLOSES GEHÖLZ, das zu bestimmten Stunden
die Sonne einfängt.
Dann wieder Stille und eine Dämmerung,
die überwintern will.

Ich habe jetzt nicht die Zeit, die Tage
miteinander zu verschmelzen, weil im
Wasser ein Gesicht erscheint, das in der Sonne
auch das Mondlicht enthält.

Schwärme von Vögeln erscheinen, teilen sich
und kreisen um ihre Mitte, als wringe jemand
Am Himmel ein schwarzes Tuch aus.

Poröse Tage, wo man auch hinfaßt.

EINGEKLEMMT zwischen Geburt und Tod,
    nicht gefragt, ob ich lieber
Ein Grashalm hätte werden wollen,

Sage ich meine Verse auf, die himmelwärts
    segeln oder bis an die Küste der
Levante, je nach Witterung.

Dabei bringen meine Lippen kein Wort
    zustande.
Es ist das Gras, das in mir singt.

DIE VORZEICHEN DES TODES mehren sich, das
     Aufkommen einer neuen, unfaßlichen
Ordnung, *auf der eine Herde von Gräbern weidet.*

Ich sehe mich um, was ich mit ins Jenseits
     nehmen kann, lege mich auf den Grund des
Meeres in den Hinterhalt, nahe dem
     Vergessen, nahe der Erinnerung.

DER SCHWUNG FÜRS LEBEN

In meinem Herzen war dieser
angenehme Wind, und in meiner Seele
diese ungewöhnliche Helle.

(Ciril Kosmač)

I

ISTANBUL, eine Stadt, bestehend aus levantinischen
    Lippen und einem Licht, das so schwer ist, daß es
Im Meer versinkt.
Das Summen der Fliegen.
Die Gesichter der Frauen, dunkel wie Brot.

In der Kluft zwischen den Tagen Gräber, aus denen
    die Monde steigen.

Die weiche Vertrautheit der Nacht.
Der Taubenschwarm der Moscheen, der sich nach
    dem ersten Morgengrauen zerteilt und weiß und
Weich auf allen Hügeln niederläßt.

Die Störche fliegen zum IZNIK-See.
Auch der Wind fliegt nach Süden und holt sich
    neuen Schwung fürs Leben.

II

Die Stadt hat zwei Augen.
In dem einen herrscht Tag, in dem anderen Nacht.

Aus dem Tagauge, das in einem Käfig über dem
    Wasser hängt, streicht gegen Mittag ein Vogel.

Er bringt das Feuer und weckt in den verwischten
    Stätten Erinnerungen an die Zeit der gelben
Stille, die das Herz der Stunde welken läßt, bis
    man es kaum noch schlagen hört.

Die Sonne rastet auf einem Stein, dessen
    verborgene Helligkeit plötzlich sichtbar wird.

Draußen vor den drei Küsten das Meer,
    schneeweiß und leuchtend vor Schaum.

III

Die Platanen haben den Zutritt zum Himmel versperrt.
Nur die Minarette stoßen durch und tasten mit ihren
    Fühlern den Himmel ab.
Doch die Sonne ist empfindlich.
(Wenn man ihr zu nahekommt, kann es sein, daß sie
    ihren Zirkel zusammenklappt, was Einbrüche en masse
und endlose Verwicklungen zur Folge hat.)

Verankert zwischen Morgen- und Abendland überwachen
    die PRINZEN-Inseln das Licht, das versprochen hat, auf
Mich zu warten.

Die weiße Wolle der Pappeln, Sommerschnee, der nicht
    schmelzen will.

Die Sonne kreist über den Brücken, in Gedanken schon
    bei dem Wurf, der die Stirn der Stadt
Durchbohren wird.

IV

Es gibt eine Zeit, die vorab beginnt mit einem
    seltsamen Morgen, der weiß, daß das Lächeln
Nicht das Werk eines Tages ist.

Es gibt schlaflose Seelen, die unter gestürzten
    Zypressen ruhen.

Es gibt einen Mittag, der eine Nadel ist, die das
    Herz durchbohrt.

Und es gibt diese unergründliche Gegenwart, von
    der wir nicht wissen, woher sie kommt und
Wohin sie entschwindet.

Alles ist Gischt, wucherndes Perlmutt, jenseitiges
    Licht, das wie der Wald plötzlich zu dunkeln
Beginnt.

V

Ich habe Vögel gesehen, deren Seele ein Spiegel ist,
        von keinem Rostfleck entstellt.
Sie sprechen eine Sprache, die keine Zeitform kennt
        und irritieren den Tod, der nichts findet, an dem
Er sich entlangtasten kann.

Brüchige Schatten, der LEANDERTURM, die verdorrten
        Zweige des Lichts.
Ein Abend, der zu Boden sinkt.

Wir haben zu lange geträumt, wir waren zu lange wach.
Ich weiß, ich weiß.

Die Vögel sind wie die Spinnen, die nicht
        herabfallen können.
Ihr Schlaf auf den Schultern der Nacht.

VI

Der Tag ist fast vorüber, nur sein Saum rauscht
    noch über den Bosporus.
Wer dort steht, hat einen dunklen Schatten und
    einen hellen.

Dieser ist wie das Leben und altert schneller als
    ein Atemzug.
Der andere ist eine Münze mit fünf Tränen, die
    kein Wasser tilgen kann.

Manchmal taucht hier eine Sonne ein, die nicht
    wiederkommt.
Es ist das andere Auge, das sich hinter ihr schließt.

Nach vielen fern verbrachten Jahren betrat ich
    wieder die alte Kaiserstadt, die ägäischen
Gewässer hinter mir, von denen es heißt, daß sie
    nur an Sonn- und Feiertagen ruhig sind.

Auf dem Weg zur HAGIA SOPHIA begegnete mir ein
    Schwarm von Vögeln, der mir offen in die
Augen blickte.
Aber ich hatte nichts gesagt.

Damals hatte ich gehört, daß es sinnlos sei, mit
    Flinten gegen den Mond zu schießen und daß
Umkommen wird, wer versucht, sich selbst zu befreien.

Jetzt finde ich auch ihn am Himmel wieder,
    aufgespießt wie einen Schmetterling.

Doch es ist ein anderer Mond, größer und schöner
    als er, ein gesicheltes Damaszenerschwert,
Das die beiden Augen trennt, zwischen denen das
    Unglück wächst.

ICH HABE MICH NIE GEWEIGERT
ZU STERBEN

Wie hätte ich sonst die Liebe gewagt, das riskante
        Umschiffen einer Wade an einem späten
Nachmittag, das Flanieren der Fingerspitzen auf
        einer halbentblößten Brust, diesen
Leichtsinnigen Umgang mit dem Feuer bei all
        dem Papier in meiner Brust, das so leicht
Entflammbar ist?

DAS TICKEN DER BRANDUNG kurz vor Mitternacht.
Der Glanz im Haar der Schlafenden.
Lichter, die über der großen Lagune des Lebens
    schweben, als wären sie eigene Wesen.

Stunden, in denen Sterne nisten, die am Morgen ein
    levantinischer Frachter an Bord nehmen wird.

HIER, WO DER TAG in blaue Schatten zerrinnt und die
    Nacht mit ihren sonderbaren Begierden
Ausgehbereit vor der Garderobe steht, überfällt
    mich *diese schöne Unordnung*, deren schräge
Gangart ein schillerndes Gleichgewicht verspricht.

Man kann nichts von Grund auf verändern, wenn man
    sich nicht auf das Geheimnis einläßt, dessen
Zitternde Magnetnadel auf neu entdeckte Pole weist.

Obertöne, die sich frei bewegen.
Das Aufleuchten eines Meteors, der seine Pfeile in die
    blinden Augen der Nacht verschießt.
Schatten, bis zum Himmel offen, wo der große Orion
    die schwarzen Sonnen zerlegt.

ES GIBT BÄUME, die man nicht durch Worte zum
    Stehen bringen kann, und es sind nicht allein die
Uhren, die uns die Wahrheit sagen.

Es ist die jenseitige Welt, deren Anker wir in der
    hiesigen sind, den Tod um die Schultern gehängt.

Wir leben wie Salz, das an die Oberfläche des
    Wassers steigt, und sterben, wo alles immer
Heftiger mündet, angesogen von einer Dunkelheit,
    die uns in fernere Meere schleust,
In eine Ewigkeit, die vielleicht auch nur ein Ort ist,
    den man wieder verläßt.

WO DER WEG SICH GABELT, die Steine reden,
die Sonne die spanische Flagge zeigt,

setze ich mich nieder und vermeide das
nichtssagende Wort Glück. Der Wind

geht vorüber, doch das Meer bleibt.
Wer bin ich, Wind oder Meer?

*

DAS LICHT ERFINDET unwirkliche Dinge:
Auseinanderstiebende Vögel, ein

Morgenrot, das in seinen Netzen
graue Fische fängt, mein Glück an

einem dürren Ast. Im Zimtrosenstrauch
Schatten, die Scherben der Nacht.

ES BESUCHT MICH DER WALD, ein Vorgefühl
an der Hand, bunt wie die Vögel in

meiner Brust. Geräusche von der anderen
Seite der Welt. Der Regen, sein Gang zum

Fluß. Er wirft mir lange Blicke zu. Zögere
Herz, der Tod wird in den Wäldern gemacht.

*

HERKULES BRAUCHTE ZWEI SÄULEN,
um den Himmel zu stützen. Mir genügt

ein niedergebranntes Streichholz
und schon wird es Nacht.

Eine Finsternis, die mit beiden
Beinen fest auf der Erde steht.

DIE WAHRHEIT DAUERT. Dreifach legt
der Mittag hiervon Zeugnis ab,

schweigend, brennend, regungslos.
Bevor der Sämann kommt, ist schon

der Schnitter da, vor dem Stern die
Finsternis, das Nein vor dem Ja.

*

EIN STEINGESICHT mit Blutflecken in den
Mundwinkeln, das zu sprechen beginnt,

Heuschrecken lockt und heiße Winde.
Die Leere ist gefüllt, das Leben gesiebt.

Das Dunkel und eine Nacht, der niemand
ausweichen kann. Sie beißt sich fest.

LÄNGER WERDEN DIE SCHATTEN der Berge
und dunkler. Das Wappen der Grimaldi.

Sie werfen alles heraus, was nach
Naphthalin riecht. Aber das ist nicht

so einfach. Sie sagen geh hinaus Tod.
Doch der Tod zittert vor Verlangen.

*

DIE STATUEN WANDELN AUF UND AB, versunken
in Melancholie. Sie sehnen sich, wie alle

Toten, nach einer Ruhe, die man nur im
Leben hat. Wenn ich die Schatten berühre,

fallen sie ab. Auch die Sonne braucht ein
Gestell, krankt an der Dunkelheit.

DAS UNGLÜCK GEWINNT bei näherer Bekanntschaft.

Am Fluß, an dessen Ufer ich eine Zeitlang das
    Leben einer Pappel geführt hatte, kamen
Schiffe vorbei, die mich nach meinen Wünschen
    fragten.
Damals gab es noch keine unterirdischen Kamine
    aus roten Ziegeln.

Ich wünschte mir eine kleine Laterne mit Pariser
    Wappen und eine Handvoll leichter Gebete,
Mit denen ich die Waldpflanzen bedecken wollte,
    deren Blätter gelb zu werden begannen.
Bretonische Märchen.

Dann begab ich mich in die Wälder, wo sich
    weiße Hirsche spiegelten, deren Geweihe
Seltsame Stimmgabeln waren, die so lange tönten,
    wie die Nächte schienen.

Eines Tages trat aus den Falten der Nacht die
    Sonne und umschritt mein Haus.

Das war meine letzte Erinnerung.

BESTÄUBT VON DER ASCHE VIELER JAHRE fange ich mir
	vom Regen einen Tropfen ein, der meine Lippen
Berühren wird, wenn alles vertrocknet ist, verwittert
	Wolken und Meer.

Ich frage mich, welche Götter mit den fünf Seelen am
	Himmel die wahren sind und wo mein Anteil
Geblieben ist, eine Achtelnote nur in der Partitur des
	Lichts.

Mein Herz ist ein Gemisch aus Staub und Stein,
	gesegnet mit einem geduldigen Lächeln.

Die Geräusche verlangsamen sich, auch das
	Totengeläut.

Ob die Kirschen noch immer weiße Flecken treiben
	auf den grünen Friedhöfen daheim, die nach
Dem großen Desaster spurlos von der Landkarte
	verschwunden sind?

Wo ist eigentlich die Welt geblieben?

MIT DEM GANG SCHWERFÄLLIGER TIERE zieht das Leben
    an mir vorbei.
Ich renne ihm nicht mehr hinterher.

Täte sich jetzt die Erde auf, ich füllte sie mit Tränen.

Eine zerschossene Welt, durchstöbert von den
    Vokalen der Winde, in denen kein Lied mehr zu
Finden ist.

Aus welchen Tiefen kommst du, Nacht, aus welchen
    Hallen, welch schöner Tischlerei?
Wer bin ich, daß ich dich liebe und mit dir rede?

EIN VERGESSENES LEBEN, die dritte Mitternacht
        und ab und zu ein Päckchen Luft.
Das Geschriebene bleibt, ich entferne mich,
        Adieu.

Nach einer Minute wird sich zeigen, was es mit
        der Unsterblichkeit auf sich hat, diesem
Leben, welches das unsere verbirgt.

Ach ja, davor ist noch der Tod, von dem wir auch
        nicht wissen, ob es ihn gibt.

Ein bißchen viel auf einmal.

WEISSE NACHTIGALLEN kommen aus Sibirien,
    Schiffe setzen sich auf Klippen, ein
Eidechsenweibchen geht auf Zehenspitzen das
    sandige Ufer entlang.
Große Tage der Dichter.

Nie wird es gelingen, eine Geschichte bis ans
    Ende zu erzählen.
Immer tritt einer ins Zimmer, und schon macht
    sich das Leben auf, in der Hand eine
Fahrkarte aus Stein.

DIESER DUNKLE TRIEB nach Wahrheit redet
    mir ein, daß es hinter dem Blau mehr gibt,
Als das Auge sieht.

Ich werde also nicht ganz sterben, wenn ich
    erschlagen auf den Brettern liege, die so
Gut nach Harz riechen, Kiefern und Wald.

DIE SONNE NAHT, eine Laterne in der
Hand, mit der sie im Gras versinkt.

Zerfetzt vom Regen treten die Bäume
aus dem Wald. Auch die Wiesen taumeln

dahin, gestreift von einem Schuß.
Alles entfernt sich, weiter denn je.

*

WARUM NUR verfolgt mich das
Leben und macht mir etwas vor,

während meine Möbel schon unter
Aufsicht und streng bewacht

vom Hof getragen werden?
Was sind das für Geschichten.

MEIN GOTT, wir kommen zu Dir, keuchend
vor Fragen. Doch Du wirfst uns einen

Haufen Schrott vor die Füße, gewälzt in
einem Feuer, das alle Seelen entgrätet hat.

Werf uns einen Strick zu, eine Leiter.
Oder bist Du etwa auch am Ende?

*

DER SEPTEMBER war eine Freundin, die nicht
blieb, eine dem Sommer entstiegene Woge.

Der Viper gleich gleitet die Zeit durch
kühlere Sonnen, aus denen der Winter

schon erste Gifte saugt. Niemand
schleudert mehr seine Seele ins Weite.

ETWAS IST IM KOMMEN,
    etwas neigt sich dem Ende zu.

Draußen hört man den Regen, der mit feuchten
    Schritten vorüberzieht.
Ich weiß nicht, ob er kommt oder geht.

Das Jahr ist krank.

Man hört den Regen, der über leere Felder geht.
Ein Windstoß hat den Sommer vertrieben.

Das Jahr ist krank und die Felder übergeben sich.
Niemand ist da, der die Toten zusammenfegt
    und die Kleider in den Kübel steckt.

Ein Windstoß hat genügt.

IN DER UNDURCHSICHTIGEN REGION DES MORGENS,
	der ein Wald voller Schlingen ist, richtet sich
Meine Aufmerksamkeit auf die Waage, über deren
	nackte Schulter das Morgenrot sein Haar
Fallen läßt, bis sich die Schale zum Tal hin neigt,
	eine Mauer entlang, die so glatt ist, daß der Blick
Sich nicht auf ihr halten kann.

(In Wahrheit sind Mauern aufrecht stehende Plätze,
	auf denen an gewissen Tagen der Regen die Stille
Aus den Löchern treibt, in die sie sich verkrochen hat).

Man hat den Regen vor die Wahl gestellt, ob er ein
	Trommler werden will oder (sagen wir es so)
Ein ordentlicher Mensch.
Hierzu will ich mich nicht äußern.

Bin ich doch in PRAG, einer Stadt, über der tags ein
	tiefer, flüchtiger Himmel steht und nachts der
Große, gelbe Mond, der auf seinen Fluren die Ziesel
	ins Getreide lockt.

DER TAG IST EINE STRASSENBAHN, der es nur gut geht,
   solange sie auf Reisen ist.
Und doch springt sie einmal täglich aus dem Gleis,
   wenn die Sonne auf ihrer Irrfahrt zu schlingern
Beginnt.
Das bedrückt mich.

Ich flüchte in das Waldesdunkel meines Schlafgemachs
   und lasse mich auf dem Bettrand nieder, der
Übersät ist von den Trümmern vieler Herzen.

Es gibt auf dieser großen weiten Welt nichts, was
   nicht eines Tages Wahrheit wird.

Ich begegne nacheinander einer Stille, die nicht für
   das Ohr dessen bestimmt ist, der vorübergeht
Und einem Wald, aus dem grüne Flammen schlagen,
   hinter denen sich mein Leben verbirgt.

*Dunkler Wald meines Lebens, dich habe ich immer
   geliebt.*

Geduldig warte ich, bis er mir in die Schlinge meiner
   Worte geht.

DIE STADT IST EIN WALD, den ich nicht kenne,
    ein nie vernommener Ort.
Das Geschrei unbekannter Tiere, vor denen man
    unentwegt auf der Hut sein muß und gegen
Deren Fell Pfeil und Bogen machtlos sind.

Gläserne Gerippe hangeln sich nach oben, wo
    ihnen die zwei Gestirne aus dem Wege gehen.

Ein Wald ohne Bäume, Haldengewächs,
    undurchdringlich, zusammengeleimt aus
Schotter und Stein, dessen Höhlen seltsame
    Wesen bewohnen.

Nirgends ein Fuchs, der über die Lichtung
    schnürt.
Nirgends ein menschliches Wort.

AM HORIZONT die Aufbauten einer in einem
    dunklen See versunkenen Flotte.
Der Tod ist nur das unterste Stockwerk des
    Lebens.

Vom Tod weiß ich nichts und das Leben ist so,
    daß ich vergessen habe, wie man auf
Erden geht.

Gestern hat mich ein Schatten geküßt.
Alles ist verwundert, daß der Tod noch
    lebt.

Doch was geht mich das an.
Was geht mich das alles an.

HIER WOHNT KEINER

Ich verbarg mich vor meiner Zeit im Schatten ihrer
Schwingen. Mein Auge sieht diese Zeit, sie aber sieht
mich nicht. Fragt man die Tage, was mein Name sei,
sie wissen ihn nicht, noch weiß der Ort, da ich weile,
wo ich bin.

(Ibn al-Arif)

Ich hoffte, das Ende der Welt sei da. Aber nur meines
kam, brausend wie ein Orkan.

(Guillaume Apollinaire)

I

IN MEINER STADT ist nicht jedes Flügelwesen
    ein Schmetterling und nicht jeder Schatten
Ein weißes Tuch, das vom Himmel fällt.

Eine Hand öffnet sich und der Tag, dunkel
    und schön, fällt einem Licht zum Opfer,
Das nach eigenem Gutdünken über die Erde geht
    und sich durch einen Pfiff nicht
Stören läßt.

In meiner Stadt weiß der Kopf nie, auf wessen
    Kissen er ruht.

Doch das ist noch nicht alles.

II

Schiffe tauchen auf und verströmen sich wie
    der Nil aus dem Herzen Afrikas.
Sie lieben das Leben im Freien und düngen die
    weißen Flecke der Meere mit Erinnerung.

Das Leben der Bäume, das sich nicht aufhalten
    läßt.
Die schweigende Unbeweglichkeit der alten
    Plätze, auf die der Mittag seine
Brennenden Lippen preßt.

Am Nachmittag, zur Stunde der stillen Messen,
    neigt sich der Kopf der Mutter Gottes,
Einer Madonna aus Gips.

III

Mit Marderaugen nimmt der Mittag das schwarze
    Universum aufs Korn, das auf der anderen
Seite schon seine Schlingen knüpft.

Das wirre Geläut der Glocken, das wie eine
    Lawine auf das Pflaster niedergeht.
Der dahinschwebende Talar des Priesters, der
    einen schwarzen Fleck im Portal der
Basilica del Santo hinterläßt.

In den Lüften ein Wind, der die Vögel füttert und
    sie in die Schlaftrunkenheit der Stille
Fallen läßt.

Ich lege eine carte blanche auf den Tisch,
    gezogen mit meiner Unterschrift.
Setzt, wenn ihr ihn finden könnt, den Namen des
    Gottes ein, der das Vergessen regiert.

IV

Am Abend, wenn die Scheunen brennen und die
    Sonne am Verglühen ist, vergeht auch mir
Die Sehnsucht nach den Wäldern, die mit jedem
    Sonnenaufgang neu erwacht.

Die Laternen lassen erste Tropfen auf die
    Schatten fallen.
Tränen, die sich von den Wangen lösen.

Die Erde, schon ganz verformt, beginnt zu
    stolpern und treibt zügellos dahin.
Schön und dunkel war der Tag.

V

Auf den Schultern der Alleen läßt sich ein
    Vogel nieder, der die Augen schließt, wenn
Die Nacht dem Abend mit seiner Schminke
    den Laufpaß gibt.

Ferne Firmamente brechen lautlos ein und lassen
    ihre Ziegel auf die Meere regnen, wo sich der
Schutt auf den Wellen häuft.

Mache sich jeder auf die Suche nach einem Dach,
    das uns nicht gleich, wie in Troja, mit seinen
Sieben Schichten erdrückt.

Wenn ihr mich zu Gesicht bekommt, dann laßt es
    gut sein.
Das bin nicht ich (Michaux).

VI

Wenn der Große Wettlauf beginnt, verdoppele
    ich meinen Schlaf, der erfüllt ist vom Lärm
Der Wogen, die im fernen Odessa an die steilen
    Ufer schlagen.

Seltsame Wellen, Türen ohne Angel, die sich
    erheben und ihre Brecher auf eine Welt
Fallen lassen, nach der ich mit dem Stock
    kratzen muß.

Und was sind das für Zungen, die auf ihrem
    Rundgang durch den Staub immer
Zwiespältiger zu mir sprechen, bis ich nicht
    mehr weiß, ob ich meinen Worten ähnlich bin,
Ob meine Worte mir ähneln.

VII

Brackwasser, in dem eine zu schwer gewordene
    Welt langsam versinkt, mit dem Gesicht
Nach vorn.

Die sanften Vulkane von Stromboli, die sich
    durch einen Flintenschuß so schnell nicht
Vertreiben lassen.

Das Schauspiel einer Nacht, deren Hauptdarsteller
    nicht zu sehen ist.

Wieder wird eine Stadt ans Kreuz geschlagen,
    einen Essiglappen in der zersplitterten Brust.

So viele Hände, die den Tod verändern.
So wenig Blicke, ihn zu betrachten.

AUF DER ANDEREN SEITE DER STRASSE, jenseits
    der Kaffeehausterrassen, wohne ich dem
Begräbnis der Sonne bei.

Ich habe sie flüchtig gekannt.
Sie hat lange im Ausland gelebt und ihre Fenster
    waren nur selten geöffnet.

Jetzt blüht der Weißdorn über ihrem Grab, ein
    Toter mehr, von Statuen umstellt, denen das
Erinnern ein Loch in die Schläfen bohrt.

SAG MIR NICHT, wie Gedichte zu schreiben sind.
Es wäre vergeudete Zeit.

Ich habe lange gebraucht, bis ich auf meiner
     Kriechspur entdeckt habe, daß Bäume
Bäume heißen und die Türme von San Gimignano
     die Türme von San Gimignano sind.

Dann begegnete ich Steinen, weich wie Seide
     und einem Wind, von Vögeln in die Wolken
Gehoben, wo er sich bei Ebbe in den verlassenen
     Nestern niederließ.

Mit diesem Wind hätte ich den Tisch schmücken
     und alle Schiffe heben können, die vor dem
Aufgang der Welt versunken sind.

Warum tat ich es nicht?
Warum fällt mir die Feder aus der Hand, wenn
     ich schreibe, daß nur das Geschriebene bleibt?

SOWEIT DAS AUGE REICHT, sehe ich
    keine weiteren Toten als die Wälder,
Die auferstanden sind, um ihr Land
    noch einmal zu sehen.

Der Fluß verhält, um mich mitzunehmen, weil
    ich nicht gewillt bin, mich weiter mit dem
Leben herumzuschlagen oder unter einem
    Sargdeckel zu verschwinden.

Die Überfahrt ist bezahlt.
Der Schlüssel liegt unter der Matte.
Es ist alles getan.

ICH KÜSSE DIE AUGEN DER VÖGEL

Für jene, die aus den Wassern
immer neu entstehen
(Juan E. Cirlot)

I

Ich küsse die Augen der Vögel zwischen den
schwarzen und glänzenden Zweigen der Nacht.
Stunden voller Scherben. Um aufzuwachen
bevor ich sterbe schlafe ich ein.

Die Wagenspuren im Unterholz auf den Hängen
der Meere. Lorbeer und Wald, Orte der Lockung.
Die sporadischen Rufe der Vögel.
Der Regen, seine weichen Lippen.

Im Obstgarten verblaßter Mohn. Das Treibgut
nimmt einen lila Farbton an. Der schwarze
Sonnenaufgang einer neuen unfaßlichen
Ordnung. Schatten, zum Himmel offen.

II

Die schwarzen und glänzenden Augen der Vögel
zwischen den Zweigen im Unterholz der Nacht.
Ich küsse die sporadischen Rufe der Vögel, den
Regen, seine weichen Lippen. Im Obstgarten,

dem Ort der Lockung, nimmt der Mohn einen
lila Farbton an, bevor er stirbt.
Um aufzuwachen auf den zum Himmel offenen
Hängen der Meere, schlafe ich ein.

Das Treibgut der Stunden, die verblaßten
Schatten. Scherben. Die Wagenspur von
Lorbeer und Wald: der unfaßliche
Sonnenaufgang einer neuen Ordnung.

III

Wenn die Schatten sterben, nehmen sie einen
lila Farbton an. Die unfaßliche
Ordnung der Scherben. Auf den weichen
Lippen des Regens (ein Ort der Lockung)

die sporadischen Rufe der Vögel. Obstgärten
auf den Hängen der Meere und ein zum Himmel
offener Wald. Zwischen den glänzenden
Augen der Vögel das Treibgut der Stunden,

auf dem ich schlafe. Der verblaßte Mohn, der
Lorbeer und im Unterholz eine Wagenspur.
Bevor ich aufwache, küsse ich die schwarzen
Zweige, den Sonnenaufgang der Nacht.

IV

Im Obstgarten schwarze und glänzende
Scherben, Augen zwischen den Zweigen der
Nacht. Ich küsse die weichen Lippen der
Stunden, bevor sie sterben. Sie schlafen,

um nicht aufzuwachen. Im Wald die
sporadischen Rufe des Regens, dessen
Wagenspur zu den Hängen der Meere führt.
Im Himmel nimmt der Lorbeer einen lila

Farbton an. Im verblaßten Mohn der
Sonnenaufgang der unfaßlichen Schatten,
Treibgut und Ort der Lockung einer Ordnung,
deren Unterholz offen ist.

V

Der Sonnenaufgang zwischen den schwarzen
Augen der Vögel, den Zweigen an den Hängen
der Meere: ein lila Farbton auf den weichen
Lippen der Nacht.

Ich küsse die unfaßliche Ordnung der Stunden,
deren verblaßter Mohn voller Scherben ist. Ein
sporadischer Sonnenaufgang, um nicht
aufzuwachen, um nicht zu sterben.

Im Obstgarten ein glänzender Himmel, der
lockende Ort für Schatten und Regen, deren
offene Wagenspur im Wald und Unterholz der
Lorbeer ist.

Der lila Farbton in den sporadischen Rufen
der Vögel. Die Augen des Regens in den
Zweigen wachen auf, in der Nacht bevor sie
sterben. Eine Ordnung, offen für Lorbeer

und Wald und die Stunde der Scherben.
Im Unterholz, auf den Hängen der Meere,
schlafe ich ein und küsse die weichen
Lippen des Mohns. Im Obstgarten der

Regen, das Treibgut seiner Wagenspur.
Der verblaßte Himmel, unfaßlicher Ort der
Lockung, wacht auf, um im Sonnenaufgang
der Schatten glänzend zu sterben.

Schatten, zum Himmel offen: eine neue
unfaßliche Ordnung. Im Obstgarten der schwarze
Sonnenaufgang. Das Treibgut des verblaßten
Mohns nimmt einen lila Farbton an.

Der Regen, seine weichen Lippen auf den
Hängen der Meere. Die sporadischen Rufe der
Vögel. Die Wagenspur von Lorbeer und Wald im
Unterholz, dem Ort der Lockung.

Bevor ich schlafe, sterbe ich, um aufzuwachen.
Scherben voller Stunden in den glänzenden und
schwarzen Zweigen der Nacht, zwischen
denen ich die Augen der Vögel küsse.

DAMIT IHR ES WISST:

Sollte ich alt werden und nicht mehr imstande,
    den Mädchen nachzustellen oder andere
Wunderbar verrückte Dinge zu tun, Dinge, die wie
    ein Geist über dem Wasser schweben, auch
Wenn man ihnen einen Fußtritt gibt

Sollten sich also alle Schrauben und Rädchen in
    mir so lockern, daß ich auf dem alten Gemäuer
Die weiße Fahne hissen muß, werde ich euch zu
    guter Letzt zeigen, wie man die Lippen dazu
Bringen kann, das einzige Wort auszusprechen,
    das auszusprechen sich lohnt.

Erinnert euch daran, wenn der Regen das
    Schweigen verflüssigt, Welle um Welle, und
Euer Herz tief unten auf etwas gestoßen ist, das
    heftig, schön und schrecklich nach diesem
Wort verlangt, ohne das ihr nicht leben könnt.

EINE VOM REGEN ZERFETZTE SONNE flammt
    über dem Wald, kein Krimkrieg, doch der
Bombe gleich, mit der Zar Alexander II mit
    einem Knall in die Luft flog.
Damit ist es aus für heute.

Die Luft hat schwarze Augen,
Ich sehe mich um, ob irgendwo ein Begräbnis ist.
In solchen Fällen greife ich nach dem Hut, weil
    ich es nicht ertragen kann, in Tuchfühlung
Mit dem Tod zu leben, Leib an Leib.

Die Gewehre haben uns verdorben.
Unglück wie Steine.
Winter, auch nicht gerade ein zärtliches Wort.

WAS WOLLTE ICH SAGEN? Ach ja, es geht um den magischen
    Himmel, der an diesem späten Nachmittag seine
Zweige durch das fahle Blau in das Souterrain
    herabgleiten läßt, auf eine Schulter, deren
Geheimnis sich enthüllt als das Fiasko eines
    langen Lebens.

Ehe ich dieses Leben von einem Museum in das
    andere transportieren lasse oder einen Aufstand
Anzettele in einem Land, das längst erobert ist,
    überlasse ich mich den schönen, nackten Armen
Der Melancholie und den Worten ihres Je t'aime.

Was ich noch zu tun habe, ist schlafen, ein langer
    Schlaf, der wie ein Stein durch die Polarnacht
Rollt und ihr die Grenzen streitig macht.

ICH STÜRZE NICHT GLEICH IN DIE SEINE, wenn
    beim Kartenmischen das Herz-As zu bluten
Beginnt, nur weil sich im Regen vor Madagaskar
    ein Schiff auflöst, das deinen Namen trägt.

Ich ziehe diesem schönen Wasservogel, der sich
    über den Abgrund neigt, die reizenden Läden
Von Paris vor, in deren jedem eine Kassiererin
    mit einem Lächeln thront.

Stadt der Wetterleuchten und Gewitter.
Ich stelle dir eine Vase auf den Tisch, gefüllt
    mit einer Rose, die ihren Tod lebt, wie wir
Alle, so gut es eben geht.

DIE SONNE IST MIR ENTGLITTEN, eine unter
den Schrank gerollte Murmel.
Auf halbem Wege steckengebliebene Worte,
Anfang und Ende eines dunklen Lebens, das
Verfänglicher ist als der Tod.

Die Bahnhofsuhr zeigt auf Null.
Mit einem Ruck bleiben die Züge stehen und
den Blitzen fällt der Hammer aus der Hand.
Selbst die Schatten halten den Atem an.

In den Wäldern schleicht der Herbst umher
und zeigt die Zähne.

Die Unvorsichtigen, die schlafen wollen.

WIEDER GEHE ICH die Große Treppe von Odessa
        hinunter, die so dicht ist wie ein im Laub
Versunkener Wald.
Ich bewege mich in einem Terrain, in dessen
        Kellergeschoß jemand die Fäuste ballt und
Gegen alle Sonnensysteme rebelliert.

Auf der Treppe kommt mir der große Unbekannte
        entgegen, eine Figur ganz aus Gips.
Ich erkenne ihn wieder, weil wir beide ein bißchen
        überall auf der Welt geboren sind.

Inzwischen ist das Meer eingestürzt.
Die Erde knarrt, als gehe man auf Särgen.
Die Kränze sind ans Ufer gespült, wo sie
        versiegen.

Da ist nichts mehr zu machen.

WIE SCHÖN DER TAG, wenn du mir von der
    Liebe erzählst.
Wir werden so weit vordringen, bis wir alle
    blauen Pfeile in der Hand haben.

Die Totenwagen ziehen ohne Sarg aus der
    Stadt.
Die Nacht wird es nicht wagen, uns mit
    ihrer Schwärze ins Gesicht zu fahren.

DER KRONLEUCHTER IST IM WALD, der Wald in einer Tabakpfeife, die Tabakpfeife im Gefallenendenkmal, das Gefallenendenkmal auf den Lippen einer Braut, die Lippen der Braut in der Hosentasche des Großherzogs von Sarajewo, der Großherzog von Sarajewo im Vogelkasten, der Vogelkasten in der Nase des Japaners, der Japaner in einem Blumentopf, der Blumentopf auf der Brust einer Jungfrau, die Brust der Jungfrau im Schwarzhandel, der Schwarzhandel auf Seite vier von Goethes Werther, Goethes Werther in einer kriechenden Woge, die kriechende Woge im Weihwasserbecken, das Weihwasserbecken, die kriechende Woge und sie alle in hundert Milligram Decortin, versenkt in einen leeren Schädel

und das alles nur aus Gründen der DICHTKUNST.

Ich weiß nicht, ob ich mich vom Stuhl
erheben soll oder nicht, wenn der Tod

vorübergeht. Ich bleibe sitzen, weil ich
das Leben liebe. Mögen andere

sich zurückziehen ins Grab, das
mich nur noch mehr ermüden würde.

*

Dem Sommer fallen die Blumen aus der
Hand. Er denkt an nichts, vergißt

sogar, daß er existiert. Nun werden
auch die streitsüchtigen Vögel still.

Auf dem Camposanto sinken die Toten
bis auf den Grund. Wie gut das tut.

Ich bin kein Hamlet, dem es vor dem
Tode graut, bin auch nicht erkältet.

Entschuldigt, meine Fenster öffnen sich
auch ohne Laudanum. Gewiß, der Tod

wird siegen. Doch mit seinen Koffern
täuscht er uns nur etwas vor. Sie sind leer.

*

Hör zu, Tod. Ich habe doch keine
Probleme, im Gegensatz zu dir.

Niemand vermißt dich, niemand
beweint dich, alles läuft von allein

auch ohne dich. Also laß das. Ich gebe
dir den Sarg zurück. Mach dich lang.

Ich öffne die Augen nur halb in dieser
mattdurchsonnten Welt. Die ersten Schatten

gehen vorüber, die Bäume verneigen sich.
Mag sein, daß ich mitnehmen darf, was

auf dem Ladenschild steht. Morgen oder
lieber erst übermorgen, wenn es geht.

*

Augen, der Faltenwurf ihrer Schatten.
Die schönen Farben feuchter Erde und

die salzige Haut der Lagunen. Ein Mund,
der sich auf die Wiesen zweier Lippen legt.

Komm großer Wind, wehe.
Lege ein Lächeln auf mein Grab.

Die Straßen hasten. Sie haben es eilig,
der Großen Dampfwalze zu entkommen,

die ihnen im Hortensienblau der Nacht
entgegenkommt. Der Abend, meine Schwester,

hat versprochen, auf mich zu warten.
Der Feind ruht sich im Dunkeln aus.

*

Auch mir macht die Erinnerung zu schaffen,
der es nicht gelingt, sich an die Stelle

des Lebens zu setzen. Beide gehen sich
aus dem Weg. Jetzt kommt es nur darauf an,

die Schläge des Herzens auszuhalten,
diese ständige Tyrannei.

Immer, wenn ich versuche zu leben,
hier auf Erden oder in einem Winkel

der Luft, kommt der Tod und
betrachtet mein weißes Gesicht.

Wir sind uns ein Rätsel. Wie sollen
wir da je zueinander finden?

*

Ich klettere aus dem Bett, reibe mir
die Augen, lange nach den Tabletten.

Dann studiere ich die Todesanzeigen,
warte auf die Sonne, die nicht kommen will.

Schon wird es dunkel. Du und ich, wir haben
gar keine Zeit, uns anzusehen.

Mit der Dichtkunst
ist das so:

Die Wörter wollen
aufgeschrieben werden,
weiter nichts.

Gott weiß, warum.

NOCTURNO

Sooft man sich im Spiegel sieht,
blickt man dem Tod in die Augen.
(Inger Christensen)

I

HEUTE NACHT bin ich dem Tod begegnet.
Ich ging freudig auf ihn zu, doch er

stieß mich zurück und tat, als kenne
er mich nicht. Dabei sind wir alte

Freunde und haben Briefe gewechselt.
Warum geht er mir aus dem Weg?

II

Ich wandte mich an die Toten und fragte
sie: Wie habt ihr es geschafft, daß man

euch mit Kränzen besucht und aus euren
Gräbern dieser weiße Marmor sprießt?

Es eilt, das letzte Sandkorn meiner Uhr
packt schon den Koffer.

III

Sie sagten: Das Sterben ist nicht der Mühe
wert und hilft dir nicht zu dem, wonach du

suchst. Sieh über die Hecke. Draußen ist
Kirmes, und auch der schönen Aussicht wegen.

Packe dein Reiseschachspiel ein und reiche
den Toten die gezinkten Karten zurück.

IV

Ich hörte schweigend zu, am Rand der schwarzen
und weißen Wiesen, sah durch meine Finger

die Städte und ihre großen Plätze von dannen
treiben, sah einen alten Vogel im dunklen Geäst,

der sich fragt: Bin ich bereits tot oder habe ich
nur versäumt, meinen Tod zu bemerken?

V

Wenn ich mich fallen
lasse, falle ich in

deine Arme, Tod.
Oder bin ich es, der

dich am Sterben hindert,
der dich am Leben hält?

VI

Ich werfe Netze aus, den Wind einzufangen,
stelle die Trauer vor mein Herz,

so wie der Abend mit seinen Schatten
die Sonne schützt.

Komm, großer Wind, wehe,
lege ein Lächeln auf mein Grab.

VII

Ein Tipp, falls ihr noch eine
Grabinschrift braucht: Hier liegt einer,

der geboren ist wie jeder andere auch
und gestern gestorben, als er noch am

Leben war. Er wollte ein Dichter werden.
Daraus wurde nichts.

VIII

Er wollte ein Dichter werden. Doch seine
Worte waren nicht da, wo sie hingehörten.

Sie haben keine Ähnlichkeit mit dem,
was er sagen wollte und das Geschriebene

kann nicht ausdrücken, was er
geschrieben hat. Geht nach Hause.

DAS MEER KLAMMERT SICH an den Küsten fest
    aus Angst, von den Wellen erschlagen zu werden.

In den Außenbezirken der Städte stehen Särge,
    angefüllt mit Toten, die mit ungeschickten Fingern
Versuchen, sich zu entkleiden.
Sie wollen das Leben verlassen, doch so einfach
    geht das nicht.

Alberti hat berichtet, daß die Rücken der Toten
    an Schlaflosigkeit leiden und die Pinienbretter
Zu weich sind, um dem nächtlichen Angriff von
    zehn weißglühenden Hakennägeln zu widerstehen.

Doch was für Nichtigkeiten in einer Welt, unter
    der dreiundzwanzig Höllen kreisen, und das
Nicht nur in Versform.

MAN HAT MICH GEWARNT vor dieser Sonne,
    deren Echtheit niemand verbürgen kann.
Sicher, ich habe etwas von dem Großen
    Sonnengesang gehört, der schnell ausgesungen ist,
Wenn sich die Nacht mit der Sonne im Sack
    auf Wanderschaft begibt.

Wer nicht weiß, was es damit auf sich hat,
    sollte die Schatten befragen, die sich
Das Licht vom Leibe halten.
Für sie ist das Licht nur ein vorübergehendes
    Geräusch.

DER HAFEN ZIEHT SICH weiße Handschuhe an,
  um den Lichthof meiner Augen auszumessen.
Die zerrissenen Rosen, ihr aschgraues Herz,
  das lautlos zusammenbricht.

Die Sonne fliegt ihrem Schatten nach.
  Worte, die nur Tote sagen können.

Tod ist das Versprechen, alles
  an einem Ort zu sein.

DIE TOTEN KRIECHEN UNTER DEN
STEINEN HERVOR

Ihnen wird es zu eng, die Erde drückt.
Auch sind sie es leid, dort unten, wo sie unauffindbar
    sind, länger auf den Erlöser zu warten.

Jetzt sitzen sie auf den Bänken und schütteln sich den
    Schlamm aus den Rippen.

Die Leute kommen und fragen sie aus.
Die Toten sagen:
Es hat keinen Zweck zu sterben, laßt es bleiben, ihr
    verliert nur Zeit.

Sie sagen:
Der Himmel ist ein zersprungener Leuchter.
Klaubt euch heraus, was ihr gebrauchen könnt.
Das Dunkel wittert Beute.

Statt wie eine Pietà die Grabsteine zu umarmen, macht
    euch bereit für den großen Sprung, durch den auch
Die Sonne einst auf ihrer Himmelfahrt durch Hitze
    und Licht immer höher getrieben wurde, allein durch
Den Rausch ihres schnellen Geschicks.

DIE SONNE REISST SICH LOS

Windstöße fegen durch den Abend und
    wirbeln die Schatten auf.
Der Tag verwandelt sich in eine dunkle Blüte,
    die ihren bitteren Saft verströmt.

Bleib stehen, Leben.
Ich will wissen, was es mit dir auf sich hat.

Schick mir einen Brief, ein Blatt, auf dem
    dein Name steht, von dir selbst
Geschrieben.

IN AUSÜBUNG MEINES POETISCHEN DIENSTES
sperrte ich eines Tages alle Reime in einen Käfig.
Sie waren entzückt und verzehrten Nachtfalter, die sie lange
nicht mehr gesehen hatten.

Es gab Vögel, die zu Pferde kamen, um sich diese
wunderbaren Wesen anzuschauen.
(Die Carabinieri wiesen ihnen mit großem Stolz den Weg.)

Jetzt komme ich herunter, treibe mich mit den
Dorfschönheiten herum, trinke Landwein und pfeif
Auf dieses Gedicht.

GENESIS

An einem Montag schuf Gott die Erde.
An einem Dienstag versuchte er es noch einmal.
An einem Mittwoch stand alles schief und das
    Wasser lief über den Horizont.
An einem Donnerstag rief er Leute zu Hilfe.
An einem Freitag brach der Himmel ein.
An einem Sonnabend versagte sein Herz.

An einem Sonntag gab er es auf.

Ein Blatt, ein gelbes Blatt, das
nicht vom Zweige fallen will.

Alle Gewichte der Welt und auch
die Schleuderbewegung der Erde sind

machtlos, wenn dem Blatt nicht der
Sinn nach Tod und Moder steht.

*

Mitten auf dem schönsten Platz der Stadt
das Denkmal einer üppigen Frau,

wohlgeformt, die die Welt betrachtet,
den Mann dort unten am Tisch

mit einem Buch in der Hand, der gerade
die Worte liest: *Ich will dich haben.*

Sie fanden ein Gewitter voller
Steine und brennender Schwellen.

Als sie es ausgruben, stießen sie im
Morgengrauen auf einen alten Glauben,

der jeden Tag ein Wort mehr verlor,
einen Gott nach dem anderen.

*

Der Schmerz holt sich seine entlaufenen
Priester zurück und das Meer ist feucht von

den Tränen der Fische. Ich lasse mir mit der
transsibirischen Eisenbahn weiße Nachtigallen

kommen, die mir von Mastodonen berichten,
die dort hinten friedlich grasen.

ICH SCHREIE NICHT MORDIO wie die Anarchisten
    und die Tulpenzwiebeln in meinem Hirn sind
Keine fliegenden Inseln, die von
    Straßenpolizisten aufgesammelt werden.

Die alten Portugiesen mit ihren bizarren
    Rockaufschlägen regierten die Welt von einem
Balkon aus und schickten mit abgewandten Augen
    ihre Wracks in die Weltmeere, um aus den
Gründen der Ozeane neue Kontinente zu fischen.

Ich bleibe allein mit meiner Verwirrung, wenn es um
    die Probleme des Satzbaus geht, die größer sind
Als die der Liebe.

Träge wie das Krokodil auf meinem Lacoste-Hemd,
    auch nicht grade ein Vasco da Gama, brüte ich
Vor mich hin, wohlwissend, daß gleich beim ersten
    Federstrich alle vier Wände wanken, das
Ganze Alphabet.

Literatur, oh je.

ES GIBT BÄUME IN LISSABON, die sich unter dem Asphalt
    verkrochen haben, einer Stadt ganz aus Licht und
Mineral, die solch einen Abscheu vor Gewächsen hat,
    daß sie die Beete mit Marmor bepflanzt, zwischen
Denen die Menschen unruhig wie Vögel hin- und
    herflattern.

Jedenfalls habe ich das bei Baudelaire gelesen.

Es wird schon stimmen, wenn ich meinen Blutdruck
    messe und sehe, wie der Scheinwerfer im Tunnel
Mir bedrohlich näher kommt.

Die Häuser rücken zusammen und halten sich
    gegenseitig fest, als hätten sie Angst,
Durchzubrechen.

Ich glaube nicht an das Märchen von der Kugelgestalt
    der Erde.
Das Ganze ist eine Fallklappe und die Tiefe unter ihr
    bodenlos.

BITTE VERZEIHT, daß ich noch am Leben bin.
Ja, das Schwert hängt schon über mir,
    zum Greifen nah wie der Halbmond über dem
MONT BLANC.
Doch ehe ich das Feld räume, möchte ich noch
    etwas sagen.

Ich bin gewappnet, trage einen Revolver am
    Handgelenk und eine Menge Kugeln in der
Tasche.
Damit begrüße ich alle, die mir LEBEWOHL
    sagen wollen.
Den Rest jage ich der Sonne hinterher, die
    durch das Dunkel donnert, ohne zu wissen,
Was sie uns damit antut.
(Sie ist nicht so empfindlich wie der Mars, der
    schon auf Holunderbällchen allergisch
reagiert.)

Doch die letzte Kugel ist für das Gedicht
    gedacht, für alle, die ausgedient haben,
Sobald die letzte Zeile geschrieben ist.

aus: DIE KANONEN VON SEWASTOPOL

(I–X)

Ich wurde nie geboren, habe nie gelebt: aber
ich erinnere mich, und die Erinnerung liegt bloß.
(Clarice Lispector)

I

Es ist wieder soweit.
Die Augen der Kanonen von Sewastopol schauen
    uns an und der Tod hüpft von Ast zu Ast.

Auf den Wegen unruhige Steine, schmelzende Sonnen und
    eine Zitadelle, die die weiße Fahne hißt.

Selbst die Karyatiden knicken zusammen, obwohl sie
    nichts mehr zu tragen haben, nur die leichte Last
Der Wolken und die Erinnerung an das Licht, sein
    zärtliches Fingerspiel.

Am Abend öffnet sich eine Muschel und zeigt ihre
    Perlennacht, die mit einem Seufzer die
Beseelten Ruinen verlässt.

Unterirdische Zwiegespräche und ein großer Durst
    nach Farben, bis ein langandauernder Regen die
Leere füllt, das große Loch zwischen den zwei Welten.

II

Angesichts dieser Verlockungen kann ich euch nur empfehlen,
    Hut und Mantel zu nehmen, den Kragen hochzuschlagen
und rechtzeitig von dieser Erde zu verschwinden, die sich
    schon auf dem Rost ihrer Vulkane vor Schmerzen krümmt.

Schießscharten erwachen mit fröhlichem Gezwitscher.
Überall wandernde Türme auf der Suche nach einem
    Unterschlupf, selbst in Turin, einer Stadt hinter Glas,
die dem Himmel näher ist, seit ihre Uhren ausgelaufen sind.

Ich würde gern wissen, welches Panorama die Pyrenäen
    auf der Promenade von Pau bieten, falls sie der
Wind nicht längst fortgeblasen hat.

Und wo ist das anmutige Toben der Blumen geblieben,
    das Rauschen der Wellen an einem Strand mit
leichtem Geröll?
Wo früher die Heide ein und aus ging, kreuzen sich
    jetzt die Wagenspuren vieler Völker, die umherirren,
bis sie spurlos verschwunden sind.

III

Auch mir wird der Boden zu heiß.
Ich stecke mir einige Kügelchen in die Tasche, die
    ich durch das Rohr pusten werde, um mein Revers
Mit einer Blüte zu schmücken.
Denn es ziemt sich nicht, den vier Reitern nur mit
    einem Dolch zu begegnen.

Dann lege ich einen Brief auf den Tisch, umarme
    die beiden Papageien und mache mich auf den Weg,
ohne den Briefkasten zu leeren.
Das schattige Herz in meiner Hand ist der Obolus, mit
    dem ich schon durchkommen werde.

IX

Angelangt am Rand der Welt sortiere ich, was ich hierlassen,
    was mitnehmen soll.
Ich hinterlasse euch einen Stapel weißer Blätter, die sich
    beharrlich gegen meine Tinte gesträubt.
Vielleicht schafft ihr es.
Dann einige verlaubte Blüten, kaum der Mühe wert, sie
    aufzuheben.

Macht damit, was ihr wollt. Trotzdem, das Stroh, das
    ihr da zusammenfegt, war einmal mein Leben, ein
schönes Leben, schroff und unnahbar wie der Karst, der
    mir ein Mantel war, den ich gern getragen.

Ich sage auch dem Tiber valet, dessen Blut dem meinen gleicht
    und der ohne Aufruhr ruhig dahinfließt, obwohl er die
Tempel von Rom mit seinem Blick nur streifen kann.
Für ihn war es das beste aller Leben – nicht nur für ihn.

X

Doch ich bin noch nicht am Ende.
Seit wir den Tod erfunden und uns das Sterben
     angewöhnt haben, müssen wir noch durch die enge
Pforte, das Nadelöhr, durch das schon so viele gegangen
     sind, selbst das Kamel.

Es geht.
Ich werde es euch zeigen.

Holzweg II

Unter dem grünen Laub des Sommers schwieg der
Novemberwind. So ging er den Gesichtern aus dem
Weg, der nassen Asche der Ruder auf dem See.
Wochen später die blutroten Westen der Bäume,
ins Wasser gedrückte Boote, das Eis.
Bäume gehen durch das Licht der Dämmerung, hell
wie eine aus dem Holz geschlagene Gestalt der Nacht.
Wochen später tauende Ketten und Fenster,
untergehend mit dem Rücken zum See.
Ein Mann setzt seinen Weg fort, in den Augen
Worte, Worte, Worte.

KOMM, GROSSER WIND, WEHE

I

KOMM, GROSSER WIND, wehe, lege ein Lächeln
    auf mein Grab.

Das Leben wirft uns an Land, wie einen
    Ertrunkenen das Meer.
Mein Leben.
Ich habe nicht einmal ein Taschentuch,
    ihm hinterher zu winken.

Die Jahre verzetteln sich, eingebildete
    Kranke, die den sanften Vögeln die Bäume
Neiden, in denen sie sich abends niederlassen,
    um zu sterben.

II

Ich öffne das Fenster und sehe den Tamarinden
    zu, deren Blätter zusammenklappen, wenn
Es dunkel wird.

Meinen Frieden lasse ich euch, meinen Frieden
    gebe ich euch … Worte, die sich die Nacht
Gemerkt hat und jetzt über das große, stumme
    Land langhin erstreckt.

Der lange Weg des Lichts durch die Nacht.
Der Stille fallen die Augen zu.
Das leise Knistern der Sterne, Stroh, das
    verbrennt.

Auch mir fallen die Augen zu, der Tod
    ist der Letzte, mit dem ich mich
Noch unterhalten kann.
Ich frage mich, ob er wirklich jene
    NOSTRA SIGNORA MORTE ist, der ich
Im Mailänder Dom begegnet bin oder diese
    behandschuhte maskierte Frau, die uns
Cocteau vorgeführt hat.

Ob der Tod sich selber kennt, und was wäre,
    wenn er gar nicht existiert?

Mein Tod fängt an, mir zu gefallen.
Ich habe lange geschlafen, auf einmal war er da.
Es ist wie ein Märchen.

AUS DEN VORWORTEN

Die schöne Gärtnerin (1963)

Das Wort ist ein Flüchtling, seine Zuflucht das Gedicht.
Während auf der Bühne das Theater spielt, werden
schon die Masken getauscht. Unter dem Beifall des
Publikums wechselt die Szene. Nun agieren die
Schatten. Doch der Zuschauer hat nichts gemerkt. Das ist
die Stunde der Flucht.

Unter herbstlichen Schatten gleitet der rote Salm in
die Mündungen der alten Flüsse. Dort hört er den Ruf.
Betroffen stürzt er unter das Eis, springt über Fall
und Wehr und eilt seinem Schicksal entgegen. In der
bräutlichen Landschaft seiner Geburt verwandeln ihn
Hochzeit und Tod.

Heimlich entkommen schlägt sich das Wort durch die
Finsternis auf der Suche nach der unsichtbaren Zeit,
dem unberührten Ort. Der Kompaß zeigt auf ein weißes
Kartenblatt. Alles ist Wagnis und Geschick und doch
wird nur überleben, wer den verschwiegenen Paß
erreicht und den Grenzstein, der die Scheidemünze prägt.
Hier wird der Flüchtling seine Hütte bauen, verschwistert
dem Tag und der Nacht, beredet von Liebe und Tod.
Vor seinen Füßen liegt schattenlos die ungeschiedene
Erde und ein rauchloser Horizont. Nur hie und da brennt
im Eiswind die zerfetzte Fahne eines Landnehmers,
die das Erreichte markiert: terra incognita.

Der Dichter steht mit seinem Herzblut für das
Gelingen der Flucht. Er ist der Nothelfer, der die Wärter
besticht und den Häschern Sand in die Augen wirft. Er
ist der Dieb, der die Spuren verwischt und die falsche

Fährte legt. Aber er ist auch das Schiff mit den sieben Segeln, das vor dem Winde treibt, der von den Dingen weht. Wenn die Ankunft glückt, ist er der gute Zeuge, der die lautere Wahrheit sagt, nichts verschweigt und nichts hinzufügt und seine Aussage im Gedicht beschwört. Das Gedicht ist nichts anderes als das Logbuch dieser Fahrt, das Protokoll einer gelungenen Flucht.

Vom Leben besiegt (1997)

Die Stunde klopft an und die Tage werden gewogen. Ich will mich nicht aus der Schlinge ziehen und dieses turbulente Leben, undurchschaubar wie die düsteren Wälder Siziliens, sinnlos verherrlichen. Die Sintflut ist vorbei. Nicht aber das Seufzen der Erde, die auf dem Abhang immer tiefer rutscht. Auch die Menschen sind nach wenigen Stunden so erschöpft, daß sie sich niederlegen müssen. Im Auf und Ab der Sonne gehen grüne Kerzen auf und verblühen am anderen Ende der Welt. Es ist das Verlangen nach einer unerreichbaren Ferne, das auf den alten Gleisen nicht zu zähmen ist.

Es gibt Wahrheiten, die man in den Wind stellen kann, wo sie gefeilt werden wie ein Riff auf Madagaskar. Bin ich ihnen hier in Malia auf der Spur, unter einem türkisen Himmel in der verlassenen Moschee, im Geräusch der herabfallenden Kacheln, das in die Stille taucht, die einer Oase weißer Blumen gleicht? Wir sollten in unserem Haus immer ein Zimmer freihalten, Sofa, Tisch und Stuhl, wo sich die Leere ausbreiten kann, ruhig, weit und klar.

Die Sterbestunden stiften Verwirrung, weil hinter ihnen ein tiefes Aufatmen lauert, ein Luftholen, das den ganzen Aufruhr der Zeit überdauert hat, die Zerstäubung aller Dinge. Man tut gut daran, die Theaterkassen zu schließen und von Zeit zu Zeit alles zu verbrennen, auch die Truhen und Schränke, die eine gefährliche Gegend sind. An den Rändern flüsternde Stimmen, funkelnde Wasser verlorener Tage, der Rundgang der Gestirne. Mit ihrem schönen, schwingenden Schritt gehen sie auf zwei Ebenen und versorgen auch unsere Etage mit einem Luftstrom, der ins Offene reicht.

In der Genesis hat es zu einer zweiten Woche nicht gelangt. Jetzt zerfallen die Wolken und die Erde dunkelt nach. Sie überläßt uns einem Lauf, der unsere Schritte reglos macht. Die weißen Schatten mehren sich, die *weißen Flecken*, auf denen sich die Wildnis niederläßt. Wir heben einige Steine auf, in denen sich die untergehende Sonne noch einmal spiegelt. Das ist alles. Es ist nicht der Rede wert.

Namenloses Gehölz (1999)

Ich ziehe die Schubläden auf, um nach Worten zu suchen,
denen ich mein Leben schenken kann. Zu dieser Stunde liegt
der halbe Hof im Schatten, die Schusterpalmen, der grüne
Flaum um das Abflußrohr. Weiße Wände am Rande der Stadt,
die das letzte Licht einsaugen, eh die Dämmerung alles
verwischt. Heimlichkeiten austauschen, Taschen durchstöbern,
Herztöne, die sich teilen. Das leise Selbstgespräch der Schatten,
denen der Abschied unmittelbar bevorsteht, ohne zu wissen,
wie sie ihn umgehen können. Dunkelheit, die sich mit aller
Kraft zu entfalten beginnt. Auch mir vergeht die Lust,
mit dem Nichts zu scherzen.

Hastig bündele ich die Seiten und klebe das verräterische
Namensschild auf den Stoß.

Das Wort, nach dem ich suche, habe ich nicht gefunden.
Vielleicht findet ihr es.

Vielleicht wäre es besser, wir schwiegen alle.

Wenn alles zu Ende geht, spreche ich noch einmal das Wort
ANFANG aus.

Bitte, lest weiter.

Das Weite suchen (2001)

Es ist der letzte Sand, den ich hiermit auf den Friedhof karre.
Worte, nichts als Worte, ewig unfähig, das eigene Schicksal
anzunehmen, ein Bündel, das ich aufhebe und gleich wieder
fallen lasse. Mögen es die Winde zerstreuen bis hin zum Markt-
platz von Lissabon, auf dem noch die Erinnerung an die alten
Scheiterhaufen schwelt.

Mir ist klar, daß ich mich nicht zu den sieben Weltwundern
zählen kann, mit denen ich allenfalls ihr schnelles
Verschwinden gemeinsam habe. Immerhin, einige Pyramiden
stehen noch und auch auf meine Wüste wirft eine ruinöse
Vergangenheit ab und zu einen Schatten, der rasch
vorüberhuscht, ehe er sich ins Leere stürzt.

Ich stoße das Fenster auf und bitte den Regen um Verzeihung,
den Nordwind, den Südwind, den aus Ost und West. Alles ist
kostbar, jede Lichtung, jeder Nebelstreifen, jedes noch so
namenlose Gehölz. Statt sie zu preisen wie ein Steuermann,
der zu den Wellen spricht, erzittere ich vor einem Blatt Papier
wie die Tiere auf dem Feld, wenn es bei einer Sonnenfinsternis
ringsum dunkel wird. Dem Rabbi von Razsin gleich ringe ich
die Hände, weil es meinem Schürhaken nicht gelingen will,
die Glut wieder zu entfachen. Immer seltener bringt der Wärter
den Schlüssel ins Schloß.

Genügsam wie ein Vogel, der lange zu fasten vermag, durch-
weht von vielen Jahreszeiten, sehe ich auf eine von Menschen
bewohnte Stadt (Ort der Vorrechte und des Lebens), die
eingehüllt in einen dunklen Ton immer leerer wird, während
das Wasser in den Kellern steigt.

In den Ozeanen werden alte Ängste wach, Erinnerungen an die Sintflut, deren Reste noch in den Meerestiefen dümpeln.

Ein Ende, das man nahe weiß und doch nicht sieht. Es wird Zeit, sich nach einer neuen Arche umzusehen, nach einem Stockwerk über uns, ausstaffiert mit einem zweiten Ararat, auf dem wir eine Weile Atem schöpfen können, bevor uns eine letzte Welle in das Jenseits spült, das, wie die Grabsteine bezeugen, von einem lichteren Leben durchflutet ist.

Es heißt, daß bei der Überfahrt nur willkommen ist, wer seine Bilder bei sich trägt, ohne die es im Jenseits keinen Garten gibt, ohne die er verdorren müßte. Wie ein Fluß, der langsam den See durchströmt, langsam, wie das Leben der Kindheit, mischen sich Tag und Nacht, ohne ineinander aufzugehen. Noch dreht sich das Herz der alten Mühle, obwohl es nichts zu mahlen gibt. Die Bäume ziehen den Vorhang vor, hinter dem sich die Nacht gleichmäßig über die Dämmerung verteilt.

Ich muß leise reden, denn ich begebe mich unter Tote. Jede Nacht heilt die andere und stirbt an ihr, jede ist eine Brücke, die die Erde zusammenhält. Zwischen den Wipfeln der Kiefern Himmelsteiche, in denen die Sterne wie angeschwemmtes Treibholz schwimmen. Stille Messen, ein sanftes Scheiden, Oberlicht, das nicht weichen will.

Anmerkungen der Herausgeber

10 *Weihnachten*
»... es zählt die unsichtbare Zeit«: Vgl. 2. Kor 4,17–18: »... uns, die wir nicht sehen auf das Sichtbare, sondern auf das Unsichtbare.« Trauspruch Christian Saalbergs und seiner Frau

12 *Verwellengrund*
»Verwellengrund«: Straße und Strand in Schönberg / Holstein. Im Ortsteil Kalifornien stand das frühere Ferienhaus der Familie.
»Bottsand«: Name eines Nehrungshakens an der Kieler Außenförde, seit 1939 Naturschutzgebiet

13 *Saalberger Sommer*
Im Sommerhaus der Großeltern in Saalberg (heute polnisch: Zachełmie) im Riesengebirge verbrachte der Dichter zahlreiche Sommer seiner Kindheit und Jugend. Nach Aufnahme seiner Anwalts- und Notartätigkeit mit eigener Kanzlei in Kiel Mitte der 1950er Jahre und paralleler Intensivierung der dichterischen Arbeit legte er sich das Pseudonym Christian Saalberg zu.
»Walenbruder«: Als Walen oder Venediger werden in der Sagenüberlieferung Erz-, Mineralien- und Goldsucher bezeichnet, denen man geheime Kenntnisse von teils unterirdischen Wegen zuschrieb.
Im Band *Das Land der Ferne* (1968) schließt der Zyklus mit einem fünften Teil, auf den Saalberg jedoch in späteren Abdrucken verzichtete:

V

Remisensommer, Hussitentag.
Leichtfüßig springen die Kinder in den Busch.
Im Dorfe ritzt die Stille
Ihre Runen in den Teich,
Narbt das Schilfrohr meine Hand.
Auf daß ich teilhaftig bleibe
Dieser Erde, die mich treulich bewahren wird,
Bis der Herr einsammelt
Die Frucht jeglicher Zeit.

»Hussiten«: revolutionär-reformatorische Anhänger des böhmischen Kirchenkritikers Jan Hus (um 1370–1415)

19 *Holiday in Hunters Inn*
»Hunters Inn«: Das 1906 erbaute Hunter's Inn in Exmoor ist ein berühmtes Landhotel in Nord-Devon.
»Montbretien«: gladiolenähnliche Schwertliliengewächse
»Heddon«: Der Heddon fließt durch Devon und mündet bei Heddon's Mouth ins Meer. Samuel Taylor Coleridge (1772–1834) und William Wordsworth (1770–1850) durchwanderten das Heddon Valley und beschrieben es mehrfach in ihren Dichtungen.
»Clovelly«: früher Fischer-, heute Touristendorf an der englischen Nordostküste von Devon
»Land's End«: Spitze der Landzunge in Cornwall, westlichster Punkt Englands

26 *Hampstead, Keats House*
Wentworth Place in Hampstead am westlichen Stadtrand Londons, ehemaliges Wohnhaus des englischen Dichters John Keats (1795–1821), das heute Gedenkstätte ist. Keats lebte hier in einer Haushälfte, schon schwer an Lungen-Tbc erkrankt, bis zu seiner Abreise nach Rom 1820 Wand an Wand mit seiner zeitweiligen Verlobten Fanny Brawne, die gemeinsam mit Mutter und Schwester die andere Haushälfte bewohnte.
»Daffodils«: Die vielen Narzissen, die im Garten wachsen, verweisen zudem auf Wordsworths Gedicht *I wandered lonely as a cloud*.
»Fannys Weg, / Den ihr Fuß genetzt«: möglicher Druckfehler im Band *Der Tag als Voyageur* (1971), »gesetzt« erscheint in mancherlei Hinsicht plausibler. Handschrift und Typoskript fehlen jedoch.
»an der / Spanischen Treppe«: Keats starb im Haus des heutigen Keats-Shelley-Museums an der Spanischen Treppe in Rom.

28 *Erinnerung an Valéry*
»Le vent se lève …«: Das dem Zyklus vorangestellte (und im letzten Vers übersetzte) Motto stammt aus dem Gedicht *Le cimitière marin* (»Der Friedhof am Meer«, 1920) von Paul Valéry (1871–1945).
»halkyonische Zeit (…) zweimal sieben Tage«: Im antiken Griechenland galten die vierzehn zumeist besonders windstillen Dezembertage um die Wintersonnenwende als glückliche Zeit. Ihr Name geht zurück auf Alkyone, Tochter des Windgottes Aeolus, die im Mythos in einen Eisvogel verwandelt wird.

31 *Das Schloß vor Husum*
Das Schloss vor Husum – so genannt, weil es bei Erbauung vor den Toren Husums stand – war Nebenresidenz der Herzoge von Schleswig-Holstein-Gottorf und ist heute Museum und Kulturzentrum.
»Hattstedt«: Gemeinde in Nordfriesland, nördlich von Husum, Schauplatz der Novelle *Zur Chronik von Grieshuus* von Theodor Storm (1817–1888)
»Koog«: eingedeichtes Stück Land

»Wehlen«: infolge eines Deichbruchs aufgespülte Wasserflächen

»Wasserreihe«: Storm lebte mit seiner Familie von 1868 bis 1880 in der Wasser-reihe 31 in Husum.

»Lena Wies im Langenharm«: Lena Wies heißt die Bäckerstochter in Storms gleichnamiger Novelle (1873), der »Lange Harm« war ein herrschaftlicher Ge-bäudekomplex im alten Husum, in dessen Kellergewölben zahlreiche Hand-werker lebten und arbeiteten.

»Zwischen Wasserreih und Schloß ...«: Leicht fehlerhaft zitiert wird Storms Gedicht *Mit einer Handlaterne*.

»die Grauen Brüder«: An der Stelle des Schlosses stand von 1494 bis 1527 ein Minoritenkloster, dessen Franziskanermönche wegen ihrer Kutten Graue Brü-der genannt wurden.

37 Revolution in Lütjenburg

Lütjenburg ist eine Kleinstadt im Kreis Plön in Schleswig-Holstein, deren Ge-schichte bis ins 11. Jahrhundert zurückreicht. Eine Revolution hat es dort nie gegeben.

»Die MAYFLOWER des Lichts«: An Bord der »Mayflower« segelten im Jahr 1620 zumeist englische Auswanderer nach Amerika, um dort als sogenannte »Pilger-väter« neue Kolonien zu gründen.

»Amaker Markt«: Platz in Lütjenburg

»Brüchmann«: Gasthof in Lütjenburg

43 Le château en Espagne

Als »château en Espagne«, ein Schloss in Spanien, wird im Französischen ein Luftschloss bezeichnet.

46 Das Haus der Zöllner

Der Vers wandelt ein Diktum im ersten *Manifest des Surrealismus* (1924) von André Breton (1896–1966) ab, einem Lieblingsautor Christian Saalbergs. Vgl. Matthäus 9, 9–13, Lukas 18, 9–14 und 19, 1–10

47 Schlesisches Himmelreich

Titel: Gericht aus geräuchertem Schweinebauch (oder Kasseler), Zimt-Backobst und Kartoffelklößen. Saalberg übersetzt in dem Gedichtzyklus die Schwere der unterschiedlichen Geschmäcker in poetische Syntax und Metaphorik.

»Ceres«: römische Göttin des Ackerbaus und der Fruchtbarkeit, auch als Ge-setzgeberin verehrt

53 Abend am Westensee

Der Westensee liegt zwischen Kiel und Rendsburg im Landkreis Rendsburg-Eckernförde, nur wenige Kilometer von Saalbergs Wohnort Kronshagen ent-fernt.

»San Romano«: In der Schlacht von San Romano bei Florenz trafen am 1. Juni 1432 Truppen der Republik Siena und der siegreichen Republik Florenz aufeinander.

»Strohbrück«: ein Weiler am Südufer der Eider, nördlich des Westensees

61 Sindbad im Wattenmeer
»Süderoog«: Hallig im Nationalpark Schleswig-Holsteinisches Wattenmeer zwischen Süderoogsand und Pellworm, auf der eine einzige Warft steht. Theodor Storms Novelle *Eine Halligfahrt* (1871) spielt auf Süderoog.

63 Ach, du bist es
»Hocken«: zum Trocknen und Nachreifen aufgestellte Heu- oder Getreidehaufen

71 Der Tisch, die Feder
»Pfaffenhütchen«: Blüten des Gewöhnlichen Spindelstrauchs, aus dessen zähem Holz man früher Orgelpfeifen, Schuhnägel und Stricknadeln herstellte

73 Sei still, es könnte die Nacht, es könnte der Morgen sein
»Sie kommen, sie gehen …«: Das Motto und, leicht abgewandelt, der letzte Vers des vierteiligen Prosagedichts zitieren einen Satz von Michel de Montaigne (1533–1592) aus *Philosophieren heißt sterben lernen* (Essais, 1. Buch, 20. Kapitel).

79 Die Gärten des Epikur
Der als Hedonist verrufene Philosoph Epikur (um 341–um 270 v. Chr.) traf seine Gesprächspartner und Anhänger zumeist in seinem als »Kepos« berühmt gewordenen Athener Garten.

»Nebensonnen«: durch Eiskristalle hervorgerufene Lichtbrechung, durch die eine oder zwei weitere Sonnen neben der eigentlichen erscheinen. Auch Franz Schuberts *Die Winterreise* (1827) und darin Wilhelm Müllers Vorlage *Die Nebensonnen* (»Drei Sonnen sah ich am Himmel steh'n …«) klingen an.

»geschüttelt vom Anhauch der Winde …«: Im Band *Der Abschied der Vogelmenschen* (1983) wird der kursiv abgesetzte Vers im zweiten Teil des Prosagedicht-Zyklus als »Zitat aus der Ilias« gekennzeichnet, genauer: Homer, Ilias, 17. Gesang, 52ff. Welche Übersetzung Christian Saalberg verwendet oder ob der Vers auf eine eigene Ausdeutung setzt, bleibt unklar, er legt jedoch Wert auf Details und bleibt dem epischen Hexameter treu.

85 Schöner Guadalquivir
Spaniens fünftlängster Fluss entspringt bei Cañada de las Fuentes, fließt an Córdoba und Sevilla vorbei und mündet bei Sanlúcar de Barrameda in den Golf von Cádiz.

91 *In der Kartause von Valldemossa*
»er frißt mir aus der Hand«: Im Band *Schöner Guadalquivir* (1985) macht Saalberg den Vers als Celan-Zitat kenntlich. Er zitiert aus Paul Celans Gedicht *Corona*: »Aus der Hand frißt der Herbst mir sein Blatt: wir sind Freunde.«

96 *Eigentlich wollte ich*
Die vorletzte Strophe stellt eine für Christian Saalberg charakteristische Anverwandlung dar: Der berühmte Vers Hilde Domins wird eingepasst in einen von Zweifeln getragenen Gedichtkorpus.

111 *An diesem schönen Todestag im Mai*
Eine variantenreiche und noch im Blocksatz gehaltene kürzere Fassung des Zyklus findet sich bereits im Band *Als ich jüngst auf Erden weilte* (1982).
»Wälschen-Platz«, »Fünfkirchen-Platz«: ehemalige Bezeichnungen von Plätzen in Prag
Titel: Weil Christian Saalberg am 25. Mai 2006 starb, erschien der kurze Zeit später veröffentlichte letzte Band des Dichters unter diesem Namen.

129 *In den Dörfern schwarze Segel*
»die *Capas* / der Guardia Civil«: Zur Uniform der spanischen Polizeieinheit zählt in der kälteren Jahreszeit ein olivgrüner, dunkelgrauer oder schwarzer Umhang, die Capa.

132 *Ja doch ich weiß*
»GRABEN«: Der Graben oder Am Graben, tschechisch Na příkopě, ist ein Straßenzug in der Innenstadt von Prag. Er verbindet Wenzelsplatz und Platz der Republik.

133 *Dicht über mir*
»Nostra Signora Morte«: Unsere liebe Frau Tod, die weibliche Personifizierung des Todes im von Katholizismus und Marienkult geprägten Italien, im Kosmos Saalbergs ein surreal-poetisches Geschöpf.

135 *Eine schwarze Hand lastet auf dem Land*
»BOBOLI-Gärten«: der florentinische Boboli-Garten hinter dem Palazzo Pitti, dem toskanischen Hauptsitz der Medici. Die in Saalbergs Dichtung so omnipräsenten und oft lebendigen Skulpturen finden in der weiten Gartenanlage eine Entsprechung.
»schuld an der sagenhaften / Überschwemmung von HEIDELBERG«: die »Eisflut«, Winterhochwasser von 1784, das in Mitteleuropa zahlreiche Flusstäler verwüstete und Brücken zerstörte

136 *Ich habe nicht mehr viel zu sagen*
Pawlatsche: Der tschechische Begriff pavlač bezeichnet einen offenen Haus-
eingang, eingedeutscht ein umlaufender Laubengang im Innenhof.

139 *Gib mir deine kalten Meere*
»GLOCKEN VON CORNEVILLE«: In Corneville-sur-Risle in der Normandie wurde
der Legende nach im Hundertjährigen Krieg um 1420 die größte der dreizehn
Glocken des örtlichen Kloster-Carillons von englischen Plünderern gestohlen.
Auf der Flucht mit Booten soll die Glocke in der Risle versunken sein und seit-
her läuten, sobald das Glockenspiel der Abtei erklingt.

140 *Mit einem Faustschlag*
»JAN P.«: Am 16. Januar 1969 verbrannte sich auf dem Prager Wenzelsplatz der
Student Jan Palach selbst, eine Protestaktion gegen die Niederschlagung des Pra-
ger Frühlings durch die Sowjetunion sowie gegen die Rücknahme der Reformen
der tschechoslowakischen Regierung unter Alexander Dubček. Das Gedicht
stellt eine der wenigen direkten politischen Äußerungen in Saalbergs Dichtung
dar, verzichtet dabei aber nicht auf den Einsatz von poetischer Verfremdung und
Faktenhinterfragung.

142 *Ich habe nacheinander*
»IMMACULATA«: die Unbefleckte, Beiname Marias. Gemeint ist die 1650 auf dem
Altstädter Ring von Prag errichtete und dort 1918 nach der Abtrennung Tsche-
chiens von der k. u. k. Monarchie von Bürgern zerstörte Mariensäule.

144 *Ich bin so frei*
»Rat im ersten Kapitel Mosis«: die Schöpfung, 1. Buch Mose, 1. Kapitel
»Elias mit seinem Feuerwagen«: der von einem Feuerwagen in den Himmel ent-
rückte Prophet Elia, 2. Buch der Könige 2,11

151 *Sie liebten sich*
Das Gedicht wurde von einem Zeitungsfoto inspiriert, das ein im Balkankrieg
erschossenes Liebespaar zeigt. Die beiden Toten gehörten verfeindeten Bürger-
kriegslagern an und liegen umschlungen auf der Straße.

155 *Sieh da, auf meinem Grabstein singt ein Vogel*
»Pitaval«: zwanzigbändige Sammlung historischer Strafrechtsfälle, zusammen-
gestellt von dem französischen Juristen François Gayot de Pitaval
»Wunder von Fatima«: Zwischen Mai und Oktober 1917 soll drei portugiesi-
schen Hirtenkindern auf der Hochebene von Fatima nördlich von Lissabon
mehrfach die Muttergottes erschienen sein.

166 *Es ist mir nicht gelungen*
»*Wie liegt die Stadt so wüst*«: Auftakt der gleichnamigen Trauermotette Rudolf Mauersbergers über die Zerstörung Dresdens durch Bombardements der Alliierten im Zweiten Weltkrieg
Christian Saalberg nahm zwei Jahre später in den Band *Vom Leben besiegt* (1997) eine Variante auf: Darin fehlt die letzte Zeile »Oder eine Träne«.

168 *Der Tag vergeht*
»von / Brandschiffen begleitet«: schwimmende Wracks oder Beuteschiffe, die in Brand gesteckt und feindlichen Flottenverbänden entgegengeschickt wurden. Saalberg verwendet das Bild mehrfach.
»*parador*«: staatliches Hotel in Spanien

169 *Das Gezwitscher der toten Vögel*
Die abschließenden drei Zeilen variieren geringfügig ein unbetiteltes Gedicht der Lyrikerin und Erzählerin Margot Ehrich (1936–2017) aus ihrem Band *Die Toten in unsern Mänteln* (1994).

171 *Um die Stirn*
»Küste von Astrachan«: Die russische Hafenstadt Astrachan liegt an der Wolga, das Kaspische Meer ist wenige Stunden weit entfernt.

172 Volterra
»MAREMMEN«: ehemals von Sumpfland durchsetzte Küstenlandschaft Mittelitaliens
»PIAZZA DEL / PRIORI«: An der Piazza dei Priori im historischen Zentrum Volterras steht der Priorenpalast.

174 *In Garachico bin ich Alberti begegnet*
Der spanische Dichter und Theaterautor Rafael Alberti (1902–1999) kehrte 1977 aus dem argentinischen Exil nach Spanien zurück. In Garachico auf Teneriffa erinnert eine Bronzebüste an Alberti, der die Stadt 1991 besuchte.

175 *Garachico Eines Tages*
Im Band *Vom Leben besiegt* (1997) heißt das Gedicht nur *Garachico* und setzt ein mit »Eines Tages«.

182 *Die Erde gibt nach*
»BIBLIOTECA AMBROSIANA«: berühmte Bibliothek in Mailand
»Zusammengesetzt das Wort SCHLAF«: Die Buchstaben, die das lyrische Ich hier aus dem Karauschenteich fischt, ergeben rückwärtsgelesen das Wort FALSCH. Das auseinandergeschriebene Wort TEICH am Schluss des Gedichts endet mit den Buchstaben ICH.

195 *Das Meer, das sich abseits hält*
»Ihr *Journal métaphysique*«: Autor des eigentlichen »Metaphysischen Tage-
buchs« (1927) ist der französische Philosoph, Musiker und Theaterautor Gabriel
Marcel (1889–1973).

199 *Die Welt ist schön*
»Nadja«: Titel des 1928 veröffentlichten Romans von André Breton, ein Lieb-
lingsautor Christian Saalbergs.

202 *Die Worte*
»Gärten von Padua«: Paduas botanischer Garten von 1554 ist einer der ältesten
Parks der Welt.

205 *Notizen zur Sonne*
Saalberg schrieb über sieben Jahre hinweg immer wieder an diesem in seinem
Werk einzigartigen Gedicht aus Sonne-Aphorismen. Der vorliegenden Fassung
aus *Namenloses Gehölz* (1999) geht eine gleichnamige frühere in *Das Gezwit-
scher der toten Vögel* (1996) sowie die Urform *Der Himmel verfüttert sein letztes
Blau* im Band *Heute am Tag der Heiligen Katharina* (1993) voraus.

209 *Auch wenn es nicht so scheint*
»Universität von Toledo«: Die spanische Stadt in Kastilien-La Mancha ent-
wickelte sich im 12. und 13. Jahrhundert zu einem bedeutenden Zentrum für die
Übersetzung arabischer Schriften.
»Meeresgrund vor Tauris«: fiktive Landschaft der antiken Sagenwelt; diverse
Quellen sehen die Halbinsel Krim als Vorbild von Tauris.
»Basilika des Heiligen Klemens«: die Basilica San Clemente al Laterano in Rom

211 *Alvaro sagt*
»Alvaro«: Álvaro de Campos, Heteronym des portugiesischen Dichters
Fernando Pessoa (1888–1935)

215 *Die schönen Lippen*
»sieben Kuppeln von S. Antonio«: Die Basilika des Heiligen Antonius in Padua
hat acht Kuppeln.

216 *Man sagt*
»Bin nicht gewesen, bin gewesen, bin nicht mehr. / Keine Sorge.«: Vgl. Seneca:
»Non fui; fui; non sum; non curo.«

221 *Der Schwung fürs Leben*
»IZNIK-See«: der İznik Gölü in der Marmararegion
»PRINZEN-Inseln«: Inselgruppe im Marmarameer und Stadtteil Istanbuls

»LEANDERTURM«: der Kız Kulesi, ein Leuchtturm aus dem 18. Jahrhundert im Bosporus

237 *Länger werden die Schatten*
»Wappen der Grimaldi«: Das Wappen des ursprünglich Genueser Adelsgeschlechts der Grimaldi zeigt zwei schwertbewehrte Mönche, die den Schild halten.

248 *Der Tag ist eine Straßenbahn*
»*Dunkler Wald meines Lebens …*«: Übersetzung des Auftakt- und gleichlautenden Schlussverses im Gedicht *Forêt sombre de ma vie* (1927) von Giorgio de Chirico: »Je t'ai toujours aimée forêt sombre / de ma vie.«

251 *Hier wohnt keiner*
»Basilica del Santo«: Kurzname der Basilika des Heiligen Antonius in Padua
»Wenn ihr mich zu Gesicht bekommt …«: Die abschließenden drei Zeilen übersetzen den Auftakt des Gedichts *Petit* (1967) von Henri Michaux (1899–1984): »Quand vous me verrez, / Allez, / ce n'est pas moi.«
»die sanften Vulkane von Stromboli«: Das nördlich von Sizilien im Mittelmeer gelegene Eiland besteht aus einem einzigen Vulkan, der allerdings drei Krater hat. Der Stromboli ist seit 1934 durchgehend geringfügig aktiv.

261 *Sag mir nicht*
Der handschriftliche Entwurf des Gedichts (siehe Bildteil, S. 7) hat den Wortlaut:

Sag mir nicht, wie Gedichte zu schreiben sind.
Es wäre vergeudete Zeit.

~~Feuert Bleikugeln gegen mich ab.~~
Es hat lange gedauert, bis ich auf meiner Kriechspur
herausgefunden ~~hat~~ habe, daß Bäume Bäume
Heißen und die Türme von San Gimignano Türme
von San Gimignano sind.

~~Dann begegnete ich~~ Ich begegnete Steinen, die weich wie Seide
waren und einem Wind, von Vögeln in die
Wolken gehoben, ~~die ihm das Grab schon~~
~~geschaufelt haben~~ wo er (erstarrt) sich bei Ebbe
~~steinernen Nestern niederließ.~~
in den verlassenen Nestern niederließ:

340

Mit diesem Wind hätte ich den Tisch schmücken ~~können~~
und das Schiff heben können, daß vor dem
Anfang der Welt versunken war.
Wie ich hörte, mache bei ihm der »Nachlaß« zu Lebzeiten
und das schöne Wort »Vorlaß« die Runde. Also bin ich
sehr (?)

Warum tat ich es nicht?
Warum ~~erfährt niemand, daß nur das~~ fällt mir
~~Geschriebene bleibt?~~
die Feder aus der Hand, wenn ich schreibe,
daß nur das Geschriebene bleibt?

263 *Ich küsse die Augen der Vögel*
Motto: Juan E. Cirlot (1916–1973), spanischer Dichter und Musiker

273 *Eine vom Regen zerfetzte Sonne*
»Bombe«: Zar Alexander II. wurde am 13. März 1881 in St. Petersburg von meh-
reren der Untergrundorganisation »Narodnaja Wolja« angehörenden Studenten
durch eine Handgranate getötet.

277 *Wieder gehe ich*
»Große Treppe«: Die von 1837–1841 erbaute Potemkinsche Treppe verbindet
Odessas Hafen mit der Innenstadt.

279 *Der Kronleuchter ist im Wald*
»Decortin«: hochdosiertes Hydrocortisonpräparat, das Christian Saalberg über
viele Jahre hin einnehmen musste

280 *Dem Sommer fallen die Blumen*
»Camposanto«: italienischer Friedhof, zumeist umschlossen und mit Bogen-
gang

281 *Ich bin kein Hamlet*
»Laudanum«: Opiumtinktur, besonders im 19. Jahrhundert gängiges Betäu-
bungsmittel

282 *Augen, der Faltenwurf ihrer Schatten*
»Komm, großer Wind, wehe«: Das Motiv des Verses findet sich mehrfach im
Spätwerk. Saalberg plante, einen unvollendet gebliebenen Band mit diesem Titel
zu versehen. Siehe auch das gleichnamige Gedicht, S. 317, sowie die folgende
Anmerkung zu *Nocturno*.

287 *Nocturno*
Gedicht VI nimmt das Motiv »Komm (,) großer Wind, wehe« wieder auf (siehe Anmerkung zu *Augen, der Faltenwurf ihrer Schatten*, S. 280).
Gedicht V: Im Band *Vom Leben besiegt* (1997) findet sich eine nur leicht abweichende neunzeilige Vorstufe.

297 *Das Meer klammert sich*
»Alberti«: Rafael Alberti (siehe Anmerkung zu S. 174)
»dreiundzwanzig Höllen«: Dante verzeichnet im *Inferno* neun Höllenkreise.

305 *Der Schmerz*
»Mastodonen«: eigentlich Mastodonten, nicht mehr gebräuchliche Fachbezeichnung für eine Überfamilie der Rüsseltiere

307 *Es gibt Bäume in Lissabon*
Eine Variante mit geringfügigen Abweichungen findet sich im Band *Vom Leben besiegt* (1997).
»Baudelaire«: Charles Baudelaire (1821–1867), französischer Dichter, Wegbereiter der literarischen Moderne

309 *Die Kanonen von Sewastopol*
Titel: Im Verlauf der Belagerung der ukrainisch-russischen Hafenstadt durch die Wehrmacht kamen im Juni 1942 mehrere schwerste Sondergeschütze zum Einsatz, darunter die Eisenbahnkanone »Dora«.
»Pau«: französische Stadt in den Pyrenäen am Fluss Gave de Pau
»Brecht«: Im Gedicht *Die Liebenden* (1928/1929) von Bertolt Brecht (1898–1956) heißt es von den Kranichen richtig: »So unter Sonn und Monds verschiedenen Scheiben / Fliegen sie hin«.

316 *Holzweg II*
Das Gedicht entstand im Zuge eines poetischen Dialogs mit Andreas Altmann. Einige wenige Schlüsselworte wurden vorgegeben. Altmann schrieb daraufhin sein Gedicht *Holzweg*: »novemberwind drückt seine gesichter / ins wasser des sees. in ihm gehen sie unter. / blicke, die sich halten, wachsen wochen später ins eis. die boote / liegen in ketten. ein mann in blut / roter weste geht mit dem rücken zum see / einen weg, den er unter dem jungen laub / vermutet. die asche der ruder ist naß. / er schwieg über den sommer. so ging er / worten aus den augen. nun sehen sie / keine fenster, die hell werden. und blätter / fallen schwarz durch das licht der dämmerung. / der mann geht durch die nacht in gestalt / der bäume. wenn die blicke des sees / tauen, hat er sein gesicht aus dem holz / geschlagen, setzen die bäume den weg fort.« Wir danken dem Poetenladen Verlag Leipzig für die freundliche Abdruckgenehmigung.

317 *Komm, großer Wind, wehe*
Eine Handschrift bewahrt folgende Variante zu Gedicht I auf:

Komm großer Wind, wehe, lege deinen Arm
um mich, damit ich wieder atmen kann.

Die Jahre verzetteln sich, eingebildete Kranke wie
ich, die den sanften Vögeln die Bäume
Neiden, in denen sie sich nieder lassen, um zu sterben.

~~Mein~~
Das Leben wirft uns an Land, vorzeitig Ertrunkene.

Das Leben vortäuschen, um nicht Nichts
zu sein (Pessoa)

327 VORWORT zu *Vom Leben besiegt*
»Malia«: Küstenstadt im Norden Kretas

329 VORWORT zu *Das Weite suchen*
»Rabbi von Razsin«: Josef Rosen, Rosin oder Rasin (1858–1936), der »Ragotchover Gaon«, einer der prominentesten Talmud-Gelehrten der 1. Hälfte des 20. Jahrhunderts, chassidischer Rabbiner in Dvinsk (heute Daugavpils, Lettland), berühmt für sein Wissen und seinen Sarkasmus.

EDITORISCHE NOTIZ

Diese Ausgabe versammelt ausgewählte Gedichte und Vorworte aus den 23 von Christian Saalberg konzipierten Bänden, die von 1963 bis 2005 erschienen, sowie Gedichte aus dem posthum veröffentlichten Band *An diesem schönen Todestag im Mai* (2006), den der Dichter noch selbst geplant und grundlegend strukturiert hat.

In der dritten Minute der Morgenröte spannt somit einen Bogen über ein 43 Jahre lang sich fortwährend wandelndes, zugleich verblüffend stringentes lyrisches Werk. Zum lakonischen Ton von *Das war mein Tag*, dem Detailreichtum in Zyklen wie *Der Schwung fürs Leben* und dem Parlando längerer Gedichte wie *Sag mir nicht* tritt die überraschende Heiterkeit eines Gedichts wie *Die Welt ist schön*. Das vielfältige Werk Saalbergs lässt über die Jahre und Jahrzehnte viele Vorbilder hinter sich und wird dabei immer persönlicher und zugleich gelassener. Vollendeter Ausdruck dieser Versöhnlichkeit ist der letzte Zyklus *Komm, großer Wind, wehe*.

Der Übersichtlichkeit halber, aber auch aus kompositorischen Gründen, die in jedem Lyrikband Christian Saalbergs einem eigenen poetischen Prinzip folgen, haben wir die ausgewählten Gedichte in drei größere Kapitel eingeteilt. Sie beinhalten frühe, mittlere und späte Gedichte – wobei diese Unterteilung stark abweicht von den Lebensdaten des Dichters: Am Ausgang seines »Frühwerks« ist Saalberg bereits 61 Jahre alt. Die Chronologie der 24 Gedichtbände blieb indessen unangetastet, nur innerhalb der einzelnen Bandgefüge haben wir uns erlaubt, die Reihenfolge der Gedichte hier und da abzuändern.

Teil I umfasst die Lyrik der Jahre 1963 bis 1987, also die ersten zwölf Bände. In diesem Zeitraum fällt Christian Saalbergs Zusammenarbeit mit seinem Freund und ersten Verleger Karl Borromäus Glock, dessen Glotz und Lutz Verlag in Heroldsberg bei Nürnberg das Frühwerk veröffentlichte. Schlicht und zugleich verspielt wirken die Bände noch heute anhand ihrer stimmig ästhetischen Gestaltung.

Diese Ära endete mit dem Tod Glocks 1985 – wie wohl auch damit, dass kurz zuvor ein Wasserschaden im Keller des Verlegers fast sämtliche Restbestände zerstörte. Die Bände des Saalberg'schen Frühwerks sind seither ein seltenes Gut.

Teil II versammelt Gedichte der wenigen Jahre 1989 bis 1995, in denen Christian Saalberg fünf Gedichtbände veröffentlichte und darin zu seinem unverwechselbaren Ton fand. Vier der fünf Bücher erschienen im regio Verlag Glock und Lutz in Sigmaringendorf, das fünfte im Roderer Verlag, Regensburg, Saalbergs neuem verlegerischen Zuhause.

Die Gedichte dieser mittleren Periode streifen vieles Obsolete ab, vertiefen das Wesentliche, weiten den historischen Hallraum auf ganz Europa aus, versuchen sich an längeren Formen, erproben nicht selten waghalsig Neues. 1995, als mit *Schwierige Ruinen* der erste Band bei Roderer erschien, war Saalberg fast siebzig. Doch die meisten seiner wichtigsten Bände sollten erst noch kommen.

Teil III: das Spätwerk, Gedichte zwischen 1997 und 2006. Neun Jahre, in denen die Bände *Vom Leben besiegt*, *Namenloses Gehölz*, *Das Weite suchen*, *Hier wohnt keiner* und, im zu Klampen Verlag in Springe, *Offenes Gewässer* erschienen, Saalbergs letzter zu Lebzeiten veröffentlichter Gedichtband. Aus diesen fast durchweg meisterhaften Büchern auszuwählen fiel besonders schwer – denn keines der so lakonischen wie lyrischen, so pointierten wie profunden Gedichte möchte man missen.

Die getroffene Auswahl brachte es mit sich, dass einige der charakteristischen Saalberg-Zyklen nicht zur Gänze aufgenommen werden konnten. Andererseits fanden durch unsere behutsamen Reihen-Einkürzungen viele der die späten Bände kompositorisch strukturierenden Sechszeiler ebenso Eingang wie randständigere Formen, die von Christian Saalbergs bis ins hohe

Alter schöpferischer Widerständigkeit zeugen: Gedichte wie *Notizen zur Sonne* und Zyklen wie *Ich küsse die Augen der Vögel.*

Saalbergs nicht selten eigenwillige Interpunktion und gelegentlich auch Orthografie wurde weitestgehend beibehalten, nur bei missverständlicher Fehlschreibung haben wir mit Bedacht eingegriffen, zumeist mittels der Anmerkungen, die unterdessen die Horizonte eines sich über acht Jahrzehnte hinweg ausweitenden Lebens verdeutlichen sollen.

Auch wenn Christian Saalberg als Dichter eher im Verborgenen tätig war, durchaus aus eigener Entscheidung, hat es zeit seines Lebens Mitstreiter und Förderer gegeben, denen an dieser Stelle Dank gesagt werden soll, insbesondere Andreas Altmann, Jürgen Brôcan, Felix Martin Furtwängler, Michael Krüger und Arne Rautenberg. Des Weiteren danken wir für Mithilfe, Unterstützung und Zuspruch Juliette Aubert, Hauke Harder, Thilo Krause, Sarah Nemtsov, Joachim Sartorius, Klaus Schöffling, Volker Sielaff und Jennifer Sprodowsky. Unser ganz besonders inniger Dank gilt Gertraud Rusche.

»Es ist Zeit, die Sterne neu anzuzünden«, heißt es bei Apollinaire. Noch am Tag vor seinem Tod am 25. Mai 2006 hat Christian Saalberg Gedichte überarbeitet, die seiner Dichtung eine Zukunft weisen.

Mirko Bonné und Viola Rusche
Hamburg und Berlin, Juni 2019

Jürgen Brôcan

Auf der Kriechspur der Worte

Essayistische Fragmente zur Dichtung Christian Saalbergs

I.

Namengebung ist ein poetischer Akt. Der Dichter legt seinen bürgerlichen Namen ab und wählt sich einen ihm gemäßen: »Saalberg. Das soll dein Name sein.« Spricht sich hier der Autor selbst an oder wird er von der Poesie angeredet? Nicht immer muß solche Namengebung dichterisches Manifest sein, im Falle Christian Saalbergs, der im sichtbaren Leben dem Beruf des promovierten Juristen nachging, scheinen Namengebung und Programm jedoch eine womöglich unlösbare Einheit zu bilden.

Saalberg (Zachełmie) heißt ein kleiner am Fuße von Studnik und Kopista gelegener Ort im heute polnischen Teil des schlesischen Riesengebirges. Dort verbrachte der am 10. Dezember 1926 in Hirschberg (Jelenia Góra) geborene Christian die Sommerfrische von frühester Kindheit an bis zu seiner Einberufung in die Wehrmacht. Photos aus den 1930er Jahren zeigen das zur Jahrhundertwende von den Urgroßeltern mütterlicherseits gebaute zweistöckige, auf einer Anhöhe gelegene Fachwerkhaus, umgeben von großzügigem Baumbestand und mit Blick ins Hirschberger Tal. Die Nähe zur Natur, die Friedlichkeit, die Abgeschiedenheit sind Konstanten, die im Werk Spuren hinterlassen werden. Sie gehören zu den seltenen autobiographischen Hinweisen, die Saalberg immer wieder nur heimlich eingestreut hat, als kämen sie aus einer unbestimmbaren Ferne, als solle die bürgerliche Existenz beinahe vollständig hinter der dichterischen verschwinden.

Wer sich nach solcher Herkunft benennt, tut es mit melancholischem Gestus, im Wunsch nach Stille. Doch von realer Idylle war bald keine Spur mehr. Man beorderte Saalberg, siebzehnjährig, als Soldat an die Ostfront, neben ihm im Schützengraben starb ein Freund, *seine* Kehle verfehlte eine Kugel um Haaresbreite. Beim Rückzug vor den russischen Truppen wurde Saalberg im Landesinneren dann selbst verwundet, lag blutend im Straßengraben, das Bein nur durch eine Notoperation ohne Narkose zu retten, ein Stück Holz zwischen den Zähnen, Toilettenpapier als Verbandsstoff. Im Gedicht erscheint die vertrauliche Zwiesprache mit dem Tod jedoch vergleichsweise spät (*Ach, du bist es*, in: *Königin der Schrecken*, 1980).

Zwar wurde Saalberg bereits Anfang der fünfziger Jahre auf Paul Éluard und die französischen Surrealisten aufmerksam, die ihm die Tür in die Phantasiebereiche der Bilder und Metaphern aufstießen, doch erst seit 1957 schrieb er selbst, nach einem »Erweckungserlebnis« auf der Autofahrt (»ich musste alle 100 Meter anhalten und es aufschreiben«). Die Erklärung dafür ist desillusionierend banal: die Rechtsanwaltsexistenz ließ ihm vorher schlicht keine Zeit zum Schreiben. So nimmt Saalberg unter den Autoren, die im Zeichen des surrealistischen Bildes dichteten, eine Außenseiterstellung ein. Dreiundzwanzig Bände in dreiundvierzig Jahren, die meisten von ihnen also ungefähr im Abstand von zwei Jahren erschienen, und mehrere Auszeichnungen wie der *Lenau-Preis* (1988), die Ehrengabe zum *Andreas-Gryphius-Preis* (1990) und der *Eichendorff-Preis* (1992) hätten ihn dennoch ins Rampenlicht rücken müssen.

Aber vielleicht hätte Saalberg es ohnehin als zu grell empfunden? Er stand als Dichter – mit einem schönen Wort von Hermann Lenz – *nebendraußen*. Er hat sich nicht in den Literaturbetrieb gefügt, vielmehr seine Stunden durch einen Brotberuf erstritten, à la »Morgens zur Kanzlei mit Acten, Abends auf den Helikon« (Platen). Er mußte sich deshalb nicht den wechselnden literarischen Moden anpassen, sondern konnte konsequent im Durchspielen verschiedener Tonlagen seinem Werk und Weg folgen – stets in bescheidenem Ton, unauffällig, zurückgenommen, fast ein wenig beiläufig, als finde ein nettes Geplauder unter guten Freunden statt, zuletzt ausgiebig mit dem Freund Hein, und zugleich weite Territorien der Imagination erobernd, die – beabsichtigt oder nicht – auch ein Rundumschlagsaffront gegen spießbürgerliche Sachlichkeit, wild gestikulierende Sozialkritik oder Sprachlotungen aus der Dingferne sind.

II.

Noch ehe Saalberg zu schreiben begann, lautete die Frage: Lebt ein Dichter, der sich surrealistischer Metaphern bedient, im Luftschloß, abgehoben von der Wirklichkeit, abgeschottet, weltflüchtig in subjektive Innerlichkeit, stets unterm Verdacht, irrationales Denken zu verbreiten? Bereits auf der ersten Tagung des Deutschen Schriftstellerkongresses im Oktober 1947 wurde eine Programmatik diskutiert, die um die Begriffe Realismus, Wahrheit, Illusionslosigkeit kreiste. Über die *Aufgaben* der Dichtung gelangte man zu einem Konsens, über die *Darstellungsweise* der erlebten Realität jedoch nicht. Man lehnte strikt ab, was man als Flucht ins Metaphysische, als puren Wohlklang und blassen Ästhetizismus empfand, eine Literatur also, die nicht direkt und unmittelbar zugänglich, nicht nüchtern und ernüchtert, nicht selbstreflexiv und antideskriptiv war.

In den fünfziger Jahren verlor die Forderung nach einer notwendig realistischen Darstellung allmählich an Gewicht. Andere Formen der Wirklichkeitserfassung, andere Wirklichkeitsgenerierungen erweiterten das Spektrum dichterischer Möglichkeiten. Die sogenannte hermetische Lyrik traf dennoch der Vorwurf der Regression, der Dunkelheit, des Artifiziellen und Artistischen. Vor allem Texten, die sich an der französischen Moderne orientierten, unterstellte man Manierismus und gewollte Unverständlichkeit, was der Forderung nach Weltbezug, nach unmittelbarer Wirkung und einer neuen, der Historie angepaßten Sprache widersprach.

Trotzdem gab es Autoren, die weiterhin durch die Schule des französischen Surrealismus gingen. Für manche, wie Franz Mon oder H. C. Artmann, blieb er bloß eine kurze Phase, in der sie die neuartigen stilistischen Errungenschaften aufgriffen; andere machten die surrealistische Bildlichkeit länger für ihre Dichtung fruchtbar, etwa Max Hölzer, K. O. Götz, Ilse Schneider-Lengyel, Anneliese Hager, Johannes Hübner, Lothar Klünner, Gerd Henniger, Dieter Wyss und Richard Anders. Noch 1974 sprach Peter Rühmkorf vom »kulturellen Outback«, in dem sich der literarische Surrealismus bewege. Daran hat sich bis heute kaum etwas geändert. Ein Werk wie das von Christian Saalberg hatte also ohnehin wenig Chancen in der literarischen Öffentlichkeit.

Doch wie erkennt man überhaupt ein surrealistisches Gedicht? Unschärfe an den Rändern zu anderen lyrischen Richtungen. Permeable Schubkästen. Der kleinste gemeinsame Nenner nicht in der Ideologie der Surrealisten – psychischer Automatismus, Trauminspektion, politischer Aktionismus –, auch nicht in André Bretons Forderung nach der Schreib*technik* der Écriture automatique (die von keiner Schreib*praxis* verbindlich befolgt wurde), sondern in der Gestalt und Gestaltung der Werke selbst. Die Vorstellung eines in allen Elementen aufeinander bezogenen Gedichts ist für den Surrealisten obsolet. Das Umfeld eines Bildes bzw. einer Metapher entscheidet, ob außertextliche Wirklichkeiten dargestellt oder zwei voneinander getrennte Bereiche verschränkt und zu einem disparaten, von der Alltagserfahrung abweichenden Bildkomplex angeordnet werden.

Das surrealistisch inspirierte Gedicht zeigt kein Bild der Wirklichkeit im mimetischen Sinn, es zeigt das subjektive und überraschungsreiche Bild, das sich der Autor von der Wirklichkeit macht. Diese Bildlichkeit beruht meist auf einem Metaphern-

ensemble, der Reihenmetapher, deren Einzelglieder in keinem erkennbaren Bezug stehen müssen. Demzufolge ist das Merkmal surrealistischer Lyrik nicht die isolierte Metapher – und ein Text nicht durch wenige, ihrer versteckten Referentialität wegen »kühn« wirkende Metaphern bereits als surrealistisch zu klassifizieren. Diskontinuität als Strukturprinzip: Der geschlossene Rahmen öffnet sich, die Bilder werden bewußt sperrig gefügt, sind auf viele Deutungsmöglichkeiten angelegt und bedürfen der phantasievollen Mitarbeit des Lesers.

III.

Saalberg probierte verschiedene traditionelle Formen und Tonhöhen nebeneinander aus, Sonette, gereimte und ungereimte vierzeilige Strophen, aber auch freie Gebilde, in denen jenes ebenso beiläufige wie ernsthafte Parlando durchschlägt, das für seine Gedichte charakteristisch werden sollte. Es entstand ein Amalgam aus verschiedenen Stimmen, ein Fest der Reminiszenzen, das Saalberg in Gedichten wie dem *Regenpfeiferlied* zusammengeschmolzen hat.

Schon das Vorwort von Saalbergs erster Veröffentlichung (*Die schöne Gärtnerin*, 1963) nimmt ein lebenslanges Thema vorweg: die Flucht aus einer unerhörten, finsteren Zeit und die »Suche nach der unsichtbaren Zeit, dem unberührten Ort«. Dabei gelangte Saalberg innerhalb eines Jahrzehnts zu einer Lakonie, die sich nicht in Banalitäten verliert, sondern von jener Suche nach einer »anderen Wirklichkeit« geprägt ist, die nicht die Überwirklichkeit des Breton'schen Surrealismus meint, sondern René Chars »Land nebenan«, jenen utopischen, im Hier und Jetzt verorteten Bereich. Bei dieser Suche vertraut der Dichter auf eine ihm unbekannte Sprache, nach der er zwar fahnden und forschen muß, die sich zuletzt aber seinem Zugriff entzieht und eigentlich *ihn* trifft: »Das Gedicht ist nichts anderes als das

Logbuch dieser Fahrt, das Protokoll einer gelungenen Flucht.« Mit solchen Formen erstellt Saalberg sein ganz eigenes Inventar, nüchtern, ohne große Geste, phantasievoll und im selben Atemzug von einem Realismus, der das Wort *Schönheit* nicht als Fremdwort verschmäht.

Diversität der Stile und Inhalte zeichnet zunächst die weiteren Bände aus, neben traditionellen, gebundenen Strophenformen stehen nun auch freie, prosanahe Gedichte. Erinnerungsarbeit und die historische Dimension bekommen einen größeren Raum als bisher. In die Idylle sickert immer wieder militärisches Vokabular ein. Die schönen Erinnerungen sind bedroht und verschwinden nach und nach in der Vergänglichkeit. Zugleich ist eine Tendenz zum religiös überformten Gedicht unübersehbar, das mit seinen zwar ernst empfundenen, bildlich jedoch wenig originellen Vorstellungen nur eine Phase bleibt.

Formal führt der allmähliche Verzicht auf traditionelle Strophen zur bereits erwähnten Lakonie, die sich mit Elementen eines alltagssprachlichen Parlandos vermischt, zunächst noch in der Sinneinheit der Zeile, die aber nach und nach aufgelöst wird zugunsten härtester Zeilenbrüche. Zudem kultiviert Saalberg die Lesefrüchte des französischen Surrealismus im eigenen Garten, so daß sein Stil auf der Höhe der Zeit und zugleich von seltsamer Verweigerung einer vordergründigen Aktualität ist. Die Gedichte greifen das Tagesgeschehen nicht unmittelbar auf, reagieren aber zwischen den Zeilen, indem sie ihre Initialzündung aus der Literatur, der Kunst, der Geschichte beziehen. Es hallt ein Surrealismus nach, der auf kreative, eigenständige Weise weitergeführt wird und nicht im Epigonentum verharrt. Die Bilder und Metaphern sind weniger gekünstelt, manieriert, verrätselt als die der französischen Vorgänger; der Tonfall der Gedichte verzichtet auf Pathos; Konkretes und Abstraktes wird überraschend, aber selten völlig entgegen der Logik kombiniert. Hier spricht einer, der Spielerisches verbannt, dem es ums Wesentliche geht. Aus der Melange von surrealistischer Reihenmetapher, romantischem Vokabular, zahlreichen Allusionen und einmontierten Zitaten entsteht eine unverwechselbare Stimme.

Saalbergs Bücher isolieren sich nicht untereinander. Geheime und offensichtliche Korrespondenzen innerhalb des Werkes machen daraus im buchstäblichen Sinn ein *Lebens*werk. So heißt es da: »Das Gezwitscher der toten Vögel in das immer tiefer der Abend versinkt einer im Urwald vergessenen / Lokomotive gleich die kein Kran und keine Trosse mehr hebt«; und: »Liegt es an meinen Augen oder ist es dieses unleserliche Sanskrit daß vieles so rätselhaft bleibt und der / Tag immer dunkler wird je weiter ich lese«. Die immer wiederkehrende Frage solcher Verse nach dem Wesen der Vergänglichkeit bleibt letztlich unbeantwortet, die Dichtung gleicht einem Photonegativ, das man gegen das grelle Licht hält.

Christian Saalberg lebte mit und aus Büchern, sie hatten weite Bereiche des Hauses in Kronshagen bei Kiel in Beschlag genommen, und das kleine Arbeitszimmer war bis in die hinterste Ecke mit Büchern und Zeitschriften angefüllt. Als hätte er mit diesem Zimmer ein Bollwerk gegen eine nüchterne und unpoetisch gewordene Zeit errichtet. In Doppelreihen oder in Stapeln, die an den Turm von Babel auf den Gemälden von Pieter Bruegel dem Älteren erinnern, umgaben ihn die Bücher — nur war hier kein Hochmut am Werke, sondern organisches Wachstum, ohne Hast, verläßlich, trotzdem nur ein kurzer Aufenthalt, bei dem sich der Dichter stärkt, mitwächst, weiterzieht, nach einem Wort René Chars, das sich als Motto bei Saalberg findet: »In der Poesie bewohnt man nur den Ort, den man verläßt.«

Es gibt ein Photo, auf dem Saalberg mit einer Mütze (als befinde er sich schon weit draußen unter den Bäumen des Waldes) hinter der Schreibmaschine sitzt, zwischen Bücherstapel gezwängt, die sich von allen Seiten herandrängen, um ihm beim Schreiben über die Schulter zu schauen. Wahlverwandtschaften, Hausgeister — das mögen die Bücher gewesen sein. Mit Zitaten sind sämtliche seiner Gedichtbände gespickt, offen sichtbar als

Motti oder versteckt als geistreiche Anspielungen, doch niemals bloßer Zierrat eines Viellesers, intellektueller Prunkschmuck einer dichterischen Existenz, eher Aufnahme von Gesprächsfäden, Anknüpfungspunkte. Da holt sich einer die Welt in sein Arbeitszimmer, und die Bücher wiederum, in ihrem verlockenden Sprachen- und Themengewimmel, strecken ihre Fühlhörner in alle Richtungen, denen Saalberg »auf der Kriechspur der Worte« folgt.

IV.

Melancholisch wehklagen und zugleich in kämpferischer Haltung freudige Reigen seliger Büchergeister eröffnen: Das Gedicht ist die Durchsetzung der Schönheit mit den literarischen Mitteln der Revolte. Denn Saalberg hat sich nicht in eine Idylle oder heile Welt zurückgezogen, er sagt der Dunkelheit den Kampf an, wobei er den umstürzlerischen Gesten André Bretons und René Chars vertraut: Angetreten zum Appell der Phantasie! Das Arsenal wundersamer Metaphern geöffnet! Ziviler Ungehorsam durch Abkehr ins Wesentliche! In der Vorstellung Saalbergs sind Dichtung, Wort und Leben untrennbar miteinander verbunden: keines ohne das andere.

Saalberg hat den meisten Büchern Vorworte beigefügt, die Auskunft erteilen über seine Poetik. In der *Schönen Gärtnerin* wird die Aufgabe der Dichtung noch hochtönend umrissen; der Dichter gehört zur Schar der mythischen fahrenden Sänger, er läßt sich vom Gelingen und Zufall der ihn umgebenden Welt leiten: »Aber er ist auch das Schiff mit den sieben Segeln, das vor dem Wind treibt, der von den Dingen weht. Wenn die Ankunft glückt, ist er der gute Zeuge, der die lautere Wahrheit sagt, nichts verschweigt und nichts hinzufügt und seine Aussage im Gedicht beschwört.« Doch wie lange glücken Fahrt und Ankunft im Diesseits? Vierundzwanzig Jahre und zehn Bücher später überwiegt ein nüchterner Klang, herrscht die Dringlichkeit des resignativen Trotzdem vor: »Der Autor ist geboren wie jeder andere und wird morgen sterben, wenn er dann noch lebt. Vielleicht rennt er nur deswegen hinter den Wörtern her, weil ihm die Trockenheit in den Adern brennt. Er schöpft aus ihnen das Blut. Und doch versinkt ihm das Leben schneller unter den Füßen als die Tinte braucht, um dieses Blatt zu queren.« (*Die alten Nächte*, 1987)

Die Dichtung und der Akt des Schreibens – zu ergänzen wäre: des eigenen Geschriebenwerdens – bleiben die Versicherung gegen die Vergänglichkeit und den Verlust einer Welt, die sich zu entziehen droht: »Wie dem auch sei, ich werde also mein Leben wiederaufnehmen, dessen Pulsschlag die schwarzen Lettern sind, Satz für Satz, mit denen ich diese Seiten gefüllt, strauchelnd von Wort zu Wort, jedes Wort ein Wort zu wenig, jedes ein Wort zu viel. … Erfüllt von der Hoffnung des Meeres und umgeben von der unwiderstehlichen Kraft der Stille, die nichts verplaudert, weil alles ihr Geheimnis ist, vertraut der Dichter einer Sprache, die er nicht kennt, läßt sich in den Abgrund fallen, den Engeln gleich, die wissen, daß sie getragen werden. Es ist nicht der Dichter, das Wort spricht sich selbst.« Saalberg greift zwar die Metapher der Fahrt auf, jedoch ist aus dem Bericht des Gedichts jetzt eine Vision geworden, ein zu suchender Gegenentwurf: »Nur wenn ihr das Unvorhergesehene erblickt, das vor euch liegt wie das weite Meer, werden wir wieder über die große Ordnung reden können.« (*Gehen Sie liebe Morgenröte*, 1989)

Der Dichter vertraut einer ihm unbekannten Sprache und kann ihr mit einem kraftvollen Akt vielleicht auf die Sprünge helfen: »Und ich werde dem Licht, wo ich es finden kann, einen Weg bahnen, wenn es sein muß mit dem Drillbohrer, damit eines Tages, vielleicht schon morgen, der Tag wie ein unbeflecktes Laken vom Himmel schwebt, wie ein übersonnter Traum.« (*Einnahme einer seltsamen Stadt*, 1991) Diese Selbstgewißheit ist natürlich von Zweifeln nicht frei: »Doch ich frage mich, ob wir mehr finden als sie [die Alchimisten], die wir in den Tiegeln stöbern auf der Suche nach dem falschen Gold, einer Sonne aus Blech, statt nach dem einen Wort, das, feuerfest und gemünzt auf die Elemente einer anderen Wirklichkeit, allein dieser Welt Paroli bieten kann.« (*Heute am Tag der Heiligen Katharina*, 1993)

In den letzten Bänden dominiert die Trauer über das Leben in einer unentzifferbaren, verworrenen Welt: »Ich will mich nicht aus der Schlinge ziehen und dieses turbulente Leben, undurchschaubar wie die Wälder Siziliens, sinnlos verherrlichen. Die Sintflut ist vorbei. Nicht aber das Seufzen der Erde, die auf dem Abhang immer tiefer rutscht. ... Wir heben einige Steine auf, in denen sich die untergehende Sonne noch einmal spiegelt. Das ist alles. Es ist nicht der Rede wert.« (*Vom Leben besiegt*, 1997) Nichts als der Abglanz der Sonne in den Bildern des Gedichts – aber schon zwei Jahre danach finden wir in einem Vorwort diese Geste des Aufbegehrens: »Wenn alles zu Ende geht, spreche ich noch einmal das Wort ANFANG aus.« (*Namenloses Gehölz*, 1999) Das ist nicht der Zauber, womöglich der Zauberspruch, der jedem Anfang innewohnen soll, es ist das letzte Bollwerk der Worte. »Es ist der letzte Sand, den ich hiermit auf den Friedhof karre. Worte, nichts als Worte, ewig unfähig, das eigene Schicksal anzunehmen, ein Bündel, das ich aufhebe und gleich wieder fallenlasse. ... Alles ist kostbar, jede Lichtung, jeder Nebelstreifen, jedes noch so namenlose Gehölz.« (*Das Weite suchen*, 2001) Das namenlose Gehölz, von dem es im gleichnamigen Band hieß, daß es »zu bestimmten Stunden die Sonne einfängt«, bedarf keiner Benennung mehr durch den Dichter. Es ist einfach da und wert, auch ohne kreativen Akt einen Namen zu bekommen.

V.

Das Weite suchen ist neben den in der deutschen Literatur einzigartigen, raumgreifenden, prachtvollen Elegien der Sammlungen *Das Gezwitscher der toten Vögel* – der Totenvögel? – und *Vom Leben besiegt* vielleicht Saalbergs melancholischster Band: Abschiedsgedichte, in denen zugleich eine unverbrüchliche Leidenschaft für das Leben aufflackert. »Die Irrfahrten enden dort, wo ein Spaten / die Toten begräbt. Hinter der steinernen // Fassade läßt ein schöner Wahn seine / Tropfen ins Vergessen fallen.« Nicht nihilistische Verzweiflung spricht aus solchen Zeilen, sondern das Bewußtsein, daß der melancholische Zustand, vom Leben – nicht vom Tod! – besiegt zu sein, durchaus heiter ist.

Das Weite suchen meint einerseits: Flucht vor den Hadesschatten, die sich ins Leben hinein verlängern, meint aber auch: Suche nach jenem offenen Raum, in dem die Dinge sich klären und zur Ruhe kommen: »Herkules brauchte zwei Säulen, / um den Himmel zu stützen. Mir genügt // ein niedergebranntes Streichholz / und schon wird es Nacht. // Eine Finsternis, die mit beiden / Beinen fest auf der Erde steht.« Saalberg erfindet eine Transparenz, die den Schrecken der körperlichen Auslöschung in Bilder bannt und die verbliebene Schönheit aufhellt.

Viele Gedichte Christian Saalbergs befassen sich mit der in den Zeitläuften verlorenen Heimat, aber *Beheimatetsein* ist noch etwas anderes, das in den Bereich des Metaphysischen fällt. Trauer weht aus jenem Bezirk herüber, den Schilder mit der Aufschrift HIER WOHNT KEINER versperren. In zurückhaltendem Gestus spricht man dort vom eigenen Werk als dem Einzigen, was nach dem physischen Verdämmern bleibt. Angesichts des Weltverlusts hat es wenig Gewicht, trotzdem, es ist ein Medium, das Zeugnis für die Anwesenheit ablegt. Vom offenen Konstruktionsprinzip des surrealistischen Gedichts bestimmt, gleichen diese Gedichte einem rhapsodischen Schwanengesang.

»Ich sehe zu, wie die Steine langsam älter werden und betaste den Wind«, heißt es im Entwurf zum Vorwort zu *Hier wohnt keiner* (2003). Damit setzt Saalberg gegen die Lethargie und Todesfurcht das Schreiben: »Und doch ist dieses Blatt, sein Weiß, das den Erdball zu umspannen scheint, ein Weg, der einzige, auf dem ich gehen kann«. Ein langes, langsames Abschiednehmen wird so von einem letzten Buch zum nächsten zelebriert, ein traumtrauriger Blick streift die Erde, schickt die Imagination aus, um Konkretes mit surrealistischen Bildketten zu verschmelzen. Man hat den Eindruck, durch ein Gemälde von Giorgio de Chirico oder René Magritte zu wandern und sie zu hören, diese »Geräusche und Séancen von einer anderen Seite der Welt, die wir im Jenseits vermissen / Werden«. Vorm inneren Auge zieht vorbei, was sich in zeitlicher und räumlicher Distanz befindet, um die Frage zu klären, »ob die Freuden der Welt wirklich nur Kehricht sind, wie die / Heilige meint und wie dem Propheten Amos zumute war«.

Wer DAS WEITE sucht, stellt sich den Dingen, den Gefahren. Mit dem Tod sollte man auf Kriegsfuß stehen, aber man muß ihn als ehrlichen Gegner akzeptieren. Es gilt also, möglichst ein paar »stille Tage in der Rue M.« zu verbringen und »einen letzten Umzug [zu] überstehen«, wenn ringsum alles andere zerfällt und in sich zusammensackt. »Meine Augen lesen mir aus der Zeitung einen Artikel vor, der vergiftet ist von Armeen auf / Unlinierten Zeilen. / Dabei wollte ich eine Rede über die Schönheit hören, der ich noch einmal die Hand küssen / Will.« Die militant aufrührerische Geste früher Gedichte Saalbergs, die an radikale Äußerungen der Surrealisten erinnerte, ist einem resignativeren Tonfall gewichen, bei allem »eingefleischten Widerwillen gegen eine schnauzbärtige Gerechtigkeit«.

Je schneller der Sand aus den Uhren rinnt, desto hartnäckiger verfolgt der Dichter die Sprache. Seit den 1980er Jahren wurden prosaähnliche Gebilde zu Langzeilen ohne Interpunktion und mit abrupten Zeilenbrüchen, was die einzelnen Bilder schärfer gegeneinander konturierte, die Gegensätze unversöhnlicher machte. Saalbergs Wörter brauchen die Form längst nicht mehr zu umbuhlen, sie passen sich dem bewährten Gefäß an, zuweilen mächtig gegen die Wände des magischen Kästchens pochend. Es bleibt die traumwandlerische Bewegung: das Oszillieren des Wortes auf dem OFFENEN GEWÄSSER zwischen Schönheit und Schrecknis.

VI.

Die Dichtung ist ποίησις, das Gemachte, Erschaffene, hier fallen das Irrealis des Wunsches und das Irrealis der Lebbarkeit in eins. Der Abend, die verlängerten Schatten, der Abschied, die Auslöschung schließlich: Aus dem defizitären Bereich der Melancholie erzeugt die Dichtung die andere Seite, das Lob der Schatten, den Preis der Sonne, die wertvolle Kürze des Lebens. Schmerz und Freude halten sich die Waage. Je lakonischer Saalbergs Ton wird, desto tiefer geht seine Trauer, desto souveräner ist sein Umgang mit dem Tod. »Ach, du bist es«, das ist die Selbstverständlichkeit, mit der sich auch der Gesalbte dem Apokalyptiker Johannes zu erkennen gab. Schreiben ist ein lebenspendender Akt, ein Wettlauf mit dem Tod um jedes Wort, jede Zeile, jedes einzelne Gedicht. Am Rande des Sagbaren zu stehen, den Rätseln einer schneller verdorrenden als aufblühenden Welt gegenüber, und das Ungenügen des eigenen Wortes so stark zu fühlen, daß jedes gelungene Gedicht von außerhalb kommt und der Dichter geschrieben wird, statt selbst zu schreiben.

Uhren bleiben stehen. Warum also nicht auch Herzen? Worte sind Herztöne, die Buchseite ein Stethoskop. Die Stunden kippen erschreckend schnell in die Gruft, man kommt mit dem Zählen kaum nach, und mit den Freunden geht es einem nicht anders. Manch einer stirbt den Gedichten voraus, stranguliert sich mit dem Lasso, bevor er die Wahrhaftigkeit einfangen konnte. Ein anderer dagegen öffnet rechtzeitig die Tür und bewirtet den Tod, damit er sich möglichst lange bei ihm wohlfühlt, ehe sie gemeinsam in ihrem Allerweltskahn zum stygischen Ufer übersetzen.

Was nach dem Ableben aus unserm Körper wird, läßt sich nachlesen im unterdrückten letzten Kapitel von Jean Gionos Roman *Bleibe, meine Freude*. Es ist nicht nötig, das Wort POESIE allzu oft im Mund zu führen, wenn Geburt und Tod einander die Hände schütteln, die eine mit der linken, der andere mit der rechten. Christian Saalberg hielt sich an den heiligen Franziskus: LAUDATO SIA MIO SIGNORE PER SUOR NOSTRA MORTE CORPORALE: DE LA QUALE NULLO HOMO PUÒ SCAMPARE. Er sagte nicht: Entschuldigen Sie, ich bin mit Sterben beschäftigt, sondern: Gebt mir Stift und Papier.

Zeittafel

1926   Am 10. Dezember als Christian-Udo Rusche
        geboren in Hirschberg, Schlesien (heute Jelenia
        Góra), zwei Geschwister. Der Vater ist Rechts-
        anwalt und Notar, die Mutter entstammt der
        Künstlerfamilie Avenarius. Glückliche Kinderjahre
        im Hirschberger Tal und im Sommerhaus der
        Großeltern in Saalberg (Zachełmie).
        Berufswunsch: Förster.

1944   Im Januar mit siebzehn eingezogen zur Wehrmacht.

1945   Verwundung am Bein, Flucht aus dem Lazarett in
        Danzig und über die Ostsee vermutlich an Bord der
        Robert Ley. Erlebt das Kriegsende in einem Laza-
        rett in Leipzig.

1946   Abitur in Holzminden. Arbeit in einer Sperrholz-
        fabrik.
        Jurastudium in Kiel. Hört Vorlesungen über die
        französische Literatur des 19. und 20. Jahrhunderts.
        Beginn der »Büchersammelleidenschaft«.

1947   Sommersemester in Heidelberg, Begegnung mit
        dem Rechtswissenschaftler Gustav Radbruch.

1953   Promotion als Dr. jur. in Kiel. Übernahme einer
        Anwalts- und Notarpraxis.
        Intensive Lektüren. Texte des französischen
        Surrealismus werden Initialzündung.

1957   Heirat mit Gertraud Jansen, Umzug nach Krons-
        hagen bei Kiel.

1960   Geburt der Tochter Viola.
        Beschäftigung mit Theodor Haecker und John
        Henry Kardinal Newman. Durch die »Kardinal
        Newman-Studien« Kontakt zum Glock und Lutz
        Verlag in Heroldsberg. Freundschaft mit dem

Verleger Karl Borromäus Glock und Teilnahme an Autorentreffen im Gelben Schloss Heroldsberg. Juristische Forschungsarbeiten zum »Römischen Recht« und den Schriften des Rechtswissenschaftlers Rudolf von Jhering.

1963   Unter dem Pseudonym Christian Saalberg erscheint der erste Gedichtband *Die schöne Gärtnerin* bei Glock und Lutz.

1965   Ebenfalls bei Glock und Lutz – unter dem Namen Christian Rusche – Herausgabe der Rudolf von Jhering-Anthologie *Der Kampf ums Recht* mit einem Vorwort von Gustav Radbruch.

bis 1991   Doppelexistenz als Jurist Dr. Christian-Udo Rusche und Dichter Christian Saalberg.

ab 1991   Vom 65. Geburtstag an trotz zunehmender gesundheitlicher Einschränkungen ausschließlich als Lyriker tätig. Mitglied im PEN-Zentrum Deutschland und Österreich. Veröffentlichungen in namhaften Literaturzeitschriften.

2006   Stirbt am Himmelfahrtstag, dem 25. Mai.

Auszeichnungen und Ausstellungen

1988   Nikolaus-Lenau-Lyrikpreis der Künstlergilde Esslingen

1990   Ehrengabe zum Andreas-Gryphius-Preis

1992   Eichendorff-Literatur-Preis, Wangener Kreis

1996   VIII. GEDOK-Literaturpreis (mit Dagmar Nick)

1997   Literaturpreis der Künstlergilde Esslingen

2002   2. Preis zum Wilhelm Szabo-Lyrik-Preis

2011/2012 »Inmitten meiner Bibliothek«, Ausstellung mit Katalog in der Herzog August Bibliothek Wolfenbüttel anlässlich der geplanten Schenkung von Christian Saalbergs Privatbibliothek

Bibliografie

Gedichtbände

Verlag Glock und Lutz, Heroldsberg

Die schöne Gärtnerin (1963)
Das Land der Ferne (1968)
Der Tag als Voyageur (1971)
Das Schloß vor Husum (1974)
Das Blaue vom Himmel (1976)
Nach dem Besuch der Sirenen (1978)
Königin der Schrecken (1980)
Als ich jüngst auf Erden weilte (1982)
Der Abschied der Vogelmenschen (1983)
Auf den Fächer einer Rose (1984)
Schöner Guadalquivir (1985)
Die alten Nächte (1987)

regio Verlag Glock und Lutz, Sigmaringendorf

Gehen Sie liebe Morgenröte (1989)
Einnahme einer seltsamen Stadt (1991)
Vor der Statue von Etienne Marcel (1991)
Heute am Tag der Heiligen Katharina (1993)
Das Gezwitscher der toten Vögel (1995)

Roderer Verlag, Regensburg

Schwierige Ruinen (1995)
Vom Leben besiegt (1997)
Namenloses Gehölz (1999)
Das Weite suchen (2001)
Hier wohnt keiner (2003)

zu Klampen Verlag, Springe, Edition Postskriptum

Offenes Gewässer (2005)

Rimbaud Verlag, Aachen

An diesem schönen Todestag im Mai (2006)
Die unsichtbare Zeit. Frühe Gedichte, 1963–1985 (2012)

Bibliophile Ausgaben und Künstlerbücher

Herzattacke
3/2001 *Das Weite suchen*, Gedichte, S. 108 ff.
2/2002 *Das Weite suchen* (II), Gedichte, S. 93 ff.
3/2002 *Gedichte*, S. 37 ff.
1/2003 *Ich küsse die Augen der Vögel*, S. 7 ff.
2/2003 *Gedichte*, S. 23 f., und S. 66 ff.
3/2003 *Gedichte*, S. 143 ff.
1/2004 *Vor dem Standbild des Monarchen*, S. 80 ff.
2/2004 *Gedichte*, S. 19 ff.
1/2005 *Die Kanonen von Sewastopol*, S. 14 ff.
2/2005 *Gedichte*, S. 2 und S. 98 ff.
1/2006 *Gedichte*, S. 2, S. 6 und S. 10 ff.
2/2006 *Gedichte*, S. 2 und S. 38 ff.
1/2007 *Gedichte*, S. 2 und S. 20 ff.
2/2007 *Gedichte*, S. 13 ff.
1/2008 *Gedichte*, S. 14 ff.
2/2008 *Gedichte*, S. 7 ff.
1/2009 *Die Steine*, S. 7 ff.
3/2010 *Gedichte*, S. 6 ff. und S. 144
4/2010 *Gedichte*, S. 2 und S. 18 ff.
1/2011 *Bei der schwarzen Mutter Gottes*, S. 34 ff.

Tag für Tag (2005)
Ein Künstlerbuch mit Gedichten von Christian Saalberg
und Holzschnitten von Felix Martin Furtwängler
(limitierte Auflage)

Stille, nichts als Stille (2006)
Ein Künstlerbuch mit Gedichten von Christian Saalberg und
Illustrationen von Felix Martin Furtwängler, in Zusammen-
arbeit mit dem Gutenberg Museum, Mainz

Eine Handvoll Schatten (2017)
Christian Saalberg, Gedichte / Helmut Kunde, Fotografien
Booklet Carl-Walter Kottnik, Hamburg 2017

Gedichte in Anthologien

Christine Lavant Lyrik Preis
Dokumentation, 1997

Wilhelm-Szabo-Lyrik-Wettbewerb
des österreichischen Schriftstellerverbandes,
Dokumentation; 2001/2002

Der neue Conrady
Das große deutsche Gedichtbuch
Herausgegeben von Karl Otto Conrady
Artemis & Winkler, 2000, S. 895 f.

Der große Conrady
Das Buch deutscher Gedichte
Herausgegeben von Karl Otto Conrady
Artemis & Winkler, 2008, S. 899 f.

Lauter Lyrik
Der kleine Conrady
Eine Sammlung deutscher Gedichte
Artemis & Winkler, 2008, S. 547

Lauter Lyrik
Der Hör-Conrady, CD 15/track 14
»Dafür wurden wir geschaffen«, gelesen von Sophie Rois

Jahrbuch der Lyrik 2004
Herausgegeben von Christoph Buchwald und Michael Krüger
Verlag C. H. Beck, S. 122

Grün Pflanzen
Anton G. Leitner (Herausgeber); Books on Demand, 2005, S. 5

Lass uns Herzen
24 Stunden Poesie, Wettbewerb »Liebe & Lyrik«, Books on
Demand, 2005
Herausgegeben von Anton G. Leitner und Philipp Appenzeller,
S. 82 f.

Jahrbuch der Lyrik 2007
Herausgegeben von Christoph Buchwald und
Silke Scheuermann
S. Fischer Verlag, S. 70

Reclams großes Buch der deutschen Gedichte
Herausgegeben von Heinrich Detering
Philipp Reclam jun. Verlag, 2007, S. 766

Nordfriesland und seine Inseln
Ein literarisches Porträt
Wachholtz Verlag, 2011, S. 25

Gedichte in Zeitschriften (Auswahl)

Akzente
Heft 1, Februar 1998, »Da wir schon dabei sind«, Gedichte,
S. 50 ff.
Heft 5, Oktober 2004 »Hier wohnt keiner«, Gedichte, S. 467 ff.

Castrum Peregrini
268–269, 2005, S. 74 f.

Die Horen
Band 4, 2001, Ausgabe 204
»Die Vorzeichen des Todes«, Gedichte, S. 175
Ausgabe 208
»Beladen mit Licht«, Drei Gedichte, S. 207 ff.

Euterpe
Nr. 8, S. 128 »Einnahme einer seltsamen Stadt«

Neue Sirene
Nr. 2, November 1994
»Sieh da, auf meinem Grabstein singt ein Vogel«,
Lyrische Prosa, S. 135 ff.
Nr. 15, Mai 2002
»Etwas neigt sich dem Ende zu«, Gedichte, S. 86 ff.
Nr. 17, September 2003
»Offenes Gewässer«, Gedichte

ndl
2/97, »Unser Dorf an der Drina«, Gedichte, S. 33 ff.
6/98, »Die schöne Gefangene«, Gedichte, S. 18 ff.
1/00, »Das Weite suchen«, Gedichte, S. 107 ff.
6/03, »Offenes Gewässer«, Gedichte, S. 29 ff.

orte
131. Heft, 2003, S. 4 ff.
139. Heft, März/April 2005, S. 39 ff.
146. Heft, 2006, S. 11
148. Heft: Portrait Christian Saalberg, Dez. 2006/Jan. 2007

Poet (mag)
Nr. 3/2007, S. 100

Rabenflug
26/04, S. 2

Sinn und Form
6. Heft, 1998, S. 822 ff.
4. Heft, 2000, S. 584 ff.
1. Heft, 2003, S. 80 ff.
3. Heft, 2004, S. 390 f.
2. Heft, 2005, S. 260 f.

Schleswig-Holstein
1969, Heft 1 »Ostern«
1969, Heft 2 »Der Mond als Kanonier«
1978, Heft 4 »Die goldene Spur«
1990, Heft 1/2 »Damals, nach dem großen Beben«

Gedichte in Tageszeitungen (Auswahl)

Die literarische Tat (12. November)
        »L'ile aux neuf flambeaux«
1992 *Prager Tageblatt*
        »Ich habe nacheinander mit der Nacht und dem Tod
        gesprochen«

1997 *Freie Presse*
      »Alles, was ich sage, schreibt der Regen mit«
      Die Welt
      (mit Kommentar von Joachim Sartorius)
      »Alles, was ich sage, schreibt der Regen mit«
2000 *Aachener Nachrichten*
      »Ich weiß nicht, ob ich es schaffe«
2004 *Süddeutsche Zeitung*
      (mit Kommentar von Joachim Sartorius)
      »Der große Handschuh«
2017 *Frankfurter Allgemeine Zeitung*
      »Die leuchtende Schleppe des Untergangs«
      Arne Rautenberg, Frankfurter Anthologie,
      4. Februar 2017, über das Gedicht »Das war mein Tag«

Texte zu Leben und Werk Christian Saalbergs

»Ein schlesischer Poet am Ufer der Kieler Förde«
von Geerd Spanjer, in: Zeitung *Schleswig-Holstein*, 12/1976

»Christian Saalberg zum 75. Geburtstag«
Vortrag von Jürgen Brôcan im Literaturhaus
Schleswig-Holstein, Kiel am 12.12.2001

»Die poetische Bildersprache Christian Saalbergs am Beispiel
seiner Gedichtsammlung ›Heute am Tag der
Heiligen Katharina‹« von Marcin Szrama, GRIN Verlag, 2004

»Wo keiner wohnt«
Sieben Essay-Fragmente zur Lyrik Christian Saalbergs
von Jürgen Brôcan, in: Christian Saalberg *Offenes Gewässer*,
zuKlampen! Verlag, 2005

»Aus dem Hinterland«
Lyrik nach 2000, herausgegeben von Theo Breuer, Edition YE,
S. 28, 67, 70, 146 f., 193 f., 221, 331 und 478

»Süchtig nach dem Saalberg-Sound«
von Theo Breuer, in: *Kiesel und Kastanie*, Edition YE, S. 165 ff.

Der Prozess geht weiter
Zu Christian Saalberg
von Andreas Altmann, 2007

Der Trost liegt im Trotzdem
von Arne Rautenberg
Der Poetenladen, http://www.poetenladen.de/
christian-saalberg.htm

»Imaginäre Funktionalisierung von Kindheit und Heimat«
Zu Christian Saalbergs Funktionsgedächtnis
von Pawel Zimniak, in: *Silesia in litteris servata: Paradigmen
der Erinnerung in Texten schlesischer Autoren nach 1945.*
Band 2, Neisse Verlag, 2010

Rezensionen (Auswahl)

1964 *Die Besinnung*, Dez. 1964, »Die schöne Gärtnerin«
      Neue Zürcher Nachrichten, Bücherdienst,
      »Die schöne Gärtnerin«
1969 *Nürnberger Zeitung*, 1.3.69, »Das Land der Ferne«
      Das Bücherschiff, 2/69, »Das Land der Ferne«
      Welt und Wort, 6/69, »Das Land der Ferne«
      Neuer Bücherdienst, Wien, »Das Land der Ferne«
1972 *Das Bücherschiff*, 3/72, S. 80 »Der Tag als Voyageur«

1976 *Das Bücherschiff*, 26. Jahrgang, »Das Blaue vom Himmel«
1979 *Schleswig-Holstein*, 2/79 »Nach dem Besuch der Sirenen«
1980 *Schleswig-Holstein*, 9/81 »Königin der Schrecken«
1983 *Schleswig-Holstein*, 7/83 »Als ich jüngst auf Erden weilte«
1984 *Schleswig-Holstein*, 10/84 »Abschied der Vogelmenschen«
     Kieler Nachrichten, 4.10.84, »Auf den Fächer einer Rose«
1985 *Schleswig-Holstein*, 3/86 »Auf den Fächer einer Rose«
1989 *Korrespondenz* 25.3.89, »Die alten Nächte«
     Schlesien, 1/89 »Die alten Nächte«
1990 *Esslinger Zeitung*
1992 *Prager Zeitung* 6.2.92 »Die alten Nächte«
     Die Künstlergilde, 3/92 »Vor der Statue von Étienne Marcel«
     Stuttgarter Zeitung, 3.5.96, »Das Gezwitscher der toten Vögel«
1996 *Stuttgarter Zeitung*, 3.5.96, »Schildpattmuster« zu »Das Gezwitscher der toten Vögel«
1997 *Südkurier*, 4.2.97, »Sprache als Existenz« zu »Das Gezwitscher der toten Vögel«
     Der Literat, »Ohne Hast gehe ich auf ein Tor zu« zu »Schwierige Ruinen«
2000 *Die Welt*, 16.9.00 zu dem Gedicht »Alles was ich sage« aus »Namenloses Gehölz«, von Joachim Sartorius
2001 *Neue Zürcher Zeitung*, 4.12.01, »Ein Nachen voller Bilder«, zu »Das Weite suchen«, von Jürgen Brôcan
     Kieler Nachrichten, 10.12.01, »Alles im Fluss, doch die Wahrheit dauert«, von Max Drathmann (Arne Rautenberg)
2002 *Aachener Nachrichten*, 8.7.02, zu dem Gedicht »Ich weiß nicht, ob ich es schaffe«
2003 *Die Horen*, 48. Jg., 3.Quartal, S. 164, »Neue Gedichte

von Christian Saalberg« von Walter Neumann
Österreichischer Schriftstellerverband (Wien),
zu »Hier wohnt keiner«, Elisabeth Schawerda
Der Rheintaler (Schweiz), 4.10.03, »Gedichte, die unter
die Haut gehen« von Werner Bucher
Appenzeller Zeitung, 20.6.03, »Von der heiteren
Abwesenheit Gottes«, von Werner Bucher
Stuttgarter Zeitung, 8.7.03, »Todesanzeigen« zu dem
Band »Hier wohnt keiner«, von Walter Neumann

2004 *Süddeutsche Zeitung*, 8.6.04, Rubrik: »Nachrichten von
der Poesie«, über das Gedicht »Der große Handschuh«,
von Joachim Sartorius

2006 *Castrum Peregrini*, H. 273/06, zu »Offenes Gewässer«,
von Thomas Böhme
Stuttgarter Zeitung, 9.6.06, »Gewehre am Markt« zu
»Offenes Gewässer«, Walter Neumann
Literarisches Österreich, Wien, zu »Offenes Gewässer«,
von Elisabeth Schawerda
Castrum Peregrini, 55. Jg., Heft 273, zu »Offenes Gewäs-
ser«, von Thomas Böhme
Kommune, Nr. 3, Juni/Juli 2006, von Wilhelm Pauli
Evangelische Zeitung, zu »Offenes Gewässer« 27.8.06,
von Erich Franz

Nachrufe

Neue Zürcher Zeitung, 30.5.06, »Auf der Kriechspur der
Worte«. Zum Tod des Lyrikers Christian Saalberg, von
Jürgen Brôcan
Kieler Nachrichten, 30.5.06, »Der Trost liegt im Trotzdem«.
Zum Tod des Kieler Dichters Christian Saalberg,
von Arne Rautenberg

Der Literat, 7/8 06, »Es ist meine Art, einsam zu sein«.
Abschied von Christian Saalberg, von Margot Ehrich
orte, 148/2006, »O nein, niemals Schwamm drüber«,
von Werner Bucher
Literarisches Österreich, 2/2006, »Zum Tod von Christian
Saalberg«, von Margarethe Herzele
Ostragehege, Heft IV/2006, Nr.44, »Vom Leben besiegt«,
von Thomas Böhme

Radio

2009 Deutschlandradio Kultur
»Man sagt, daß das wahre Leben abwesend sei«
Gelesen von Burghart Klaußner

Film

»AMOR VATI« Der Dichter Christian Saalberg
Ein Film von Viola Rusche, 2008, DVD

Online

Der Poetenladen. Portrait Christian Saalberg
Acht Gedichte
http://www.poetenladen.de/christian-saalberg.htm

www.christian-saalberg.de

Inhaltsverzeichnis

I (1963–1987)

aus: DIE SCHÖNE GÄRTNERIN (1963)

Regenpfeiferlied 7
Versprechen 8
Stenogramm 9
Weihnachten 10

aus: DAS LAND DER FERNE (1968)

Spiegelgedicht 11
Verwellengrund 12
SAALBERGER SOMMER (I–IV) 13

aus: DER TAG ALS VOYAGEUR (1971)

HOLIDAY IN HUNTERS INN (I–V) 19
Hampstead, Keats House 26
Oktoberland, Feuerland 27

aus: DAS SCHLOSS VOR HUSUM (1974)

ERINNERUNG AN VALÉRY 28
DAS SCHLOSS VOR HUSUM (I–III) 31
REVOLUTION IN LÜTJENBURG (I–IV) 37

aus: DAS BLAUE VOM HIMMEL (1976)

Le château en Espagne 43
Der große Mittag 44

Betrachtungen über einige Luft-, Natur- und
    Himmelskörper 45
Das Haus der Zöllner 46
SCHLESISCHES HIMMELREICH (I–III) 47

aus: NACH DEM BESUCH DER SIRENEN (1978)

ABEND AM WESTENSEE (I–III) 53
Die goldene Spur 58
Damals, nach dem großen Beben 59
Des Königs Reiterschar 60
Sindbad im Wattenmeer 61

aus: KÖNIGIN DER SCHRECKEN (1980)

Das Poltern der Gespanne 62
Ach, du bist es 63

aus: ALS ICH JÜNGST AUF ERDEN WEILTE (1982)

DAS WEITE SUCHEN (I–IV) 65
Der Tisch, die Feder 71
Ein Sommer nach Maß 72

aus: DER ABSCHIED DER VOGELMENSCHEN (1983)

SEI STILL, ES KÖNNTE DIE NACHT, ES KÖNNTE
    DER MORGEN SEIN (I–IV) 73
DIE GÄRTEN DES EPIKUR (I–IV) 79

aus: SCHÖNER GUADALQUIVIR (1985)

SCHÖNER GUADALQUIVIR (I+II+IX+XI) 85
IN DER KARTAUSE VON VALLDEMOSSA 91

Ein Hirt der Wölfe 95
Eigentlich wollte ich 96
Aus den Federn geholt 97
Der nächtliche Baum 98
DAS WORT LIEBE 99
MAILAND GIBT ES NICHT 105

aus: DIE ALTEN NÄCHTE (1987)

AN DIESEM SCHÖNEN TODESTAG IM MAI
    (I+VIII+IX+X+XI+XII) III

II (1989–1995)

aus: GEHEN SIE LIEBE MORGENRÖTE (1989)

Nature morte 121
In Erwartung der Nacht 122
Die Schritte der Passanten 124
Ich sag es einmal so 125
Auch ich habe die Nacht genutzt 126
Ich liege hier 127
Weißgetüncht der Himmel 128

aus: EINNAHME EINER SELTSAMEN STADT (1991)

In den Dörfern schwarze Segel 129
Eine Handbreit vor mir 130
Vögel fallen wie Tropfen 131
Ja doch ich weiß 132
Dicht über mir 133
Fragen auf einen Zettel notiert 134
Eine schwarze Hand lastet auf dem Land. 135

Ich habe nicht mehr viel zu sagen 136
Und nun verstumme ich 137

aus: VOR DER STATUE VON ÉTIENNE MARCEL (1991)

Diese Pappeln, dieses Land 138
Gib mir deine kalten Meere 139

aus: HEUTE AM TAG DER HEILIGEN KATHARINA (1993)

Mit einem Faustschlag 140
Ich habe nacheinander 142
Auf das weiße Tuch 143
Ich bin so frei 144
Heute am Tag der Heiligen Katharina 145
Ich habe eine Stadt gesehen 146
Liebe du bist mir jederzeit willkommen 147
Das blaue Haus 148
Barbarische Vögel 149
Ich ertrage alles 150
Sie liebten sich 151
Inmitten meiner Bibliothek 152
Heute Abend greife ich mir 153
Ich schickte sie aus 154

aus: DAS GEZWITSCHER DER TOTEN VÖGEL (1996)

SIEH DA AUF MEINEM GRABSTEIN SINGT EIN VOGEL (I–IX) . . . 155
Es ist mir nicht gelungen 166
Ehe wir sterben 167
Der Tag vergeht 168
Das Gezwitscher der toten Vögel 169
Die Leere des Tages 170
In der Loge 170

Um die Stirn 171
Ich schlafe und die Erde wächst 171
Volterra 172
Meine Engel sind zwei Oleander 173
In Garachico bin ich Alberti begegnet 174
Garachico Eines Tages 175
Einige Werst von hier 176
Als man den Mond 176
Was auf dem großen Deich 177
Ein Schuß Patina 177
Jemand schiebt mir 178
Bei den Janitscharen 178
Ein Schuß Dämmerung 179
Nicht weil der Winter 179
Es gibt die Schönheit der tiefen Wasser 180
Der Wind hat vergessen 181
Die Erde gibt nach 182
WORAN ICH MICH ERINNERN WERDE (I+VII+IX+XI) 183

III (1997–2006)

aus: VOM LEBEN BESIEGT (1997)

Das Haus verlassen 191
Kennt ihr das Gefühl 192
In der dritten Minute der Morgenröte 193
In meiner Brust 194
Das Meer, das sich abseits hält 195
Die Schläfen brechen zusammen 196
Ab und zu zünden die Wolken ein Streichholz 197
Dafür wurden wir geschaffen 198
Die Welt ist schön 199
Heute ist Sonntag 201

Die Worte 202
Auf dem Weg 203
Das war mein Tag 204

aus: NAMENLOSES GEHÖLZ (1999)

NOTIZEN ZUR SONNE 205
Auch wenn es nicht so scheint 209
Manchmal schreibe ich eine Zeile 210
Alvaro sagt 211
Nach der Visite 212
Der Himmel hat bewegliche Flügel 213
Der Wald zieht den Vorhang vor 214
Die schönen Lippen 215
Man sagt 216
Der Versuch 217
Namenloses Gehölz 218
Eingeklemmt zwischen Geburt und Tod 219
Die Vorzeichen des Todes 220
DER SCHWUNG FÜRS LEBEN (I–VII) 221

aus: DAS WEITE SUCHEN (2001)

Ich habe mich nie geweigert zu sterben 230
Das Ticken der Brandung 231
Hier, wo der Tag 232
Es gibt Bäume 233
Wo der Weg sich gabelt 234
Das Licht erfindet 234
Es besucht mich der Wald 235
Herkules brauchte zwei Säulen 235
Die Wahrheit dauert 236
Ein Steingesicht 236
Länger werden die Schatten 237

Die Statuen wandeln auf und ab 237
Das Unglück gewinnt 238
Bestäubt von der Asche vieler Jahre 239
Mit dem Gang schwerfälliger Tiere 240
Ein vergessenes Leben 241
Weiße Nachtigallen 242
Dieser dunkle Trieb 243
Die Sonne naht 244
Warum nur 244
Mein Gott 245
Der September 245
Etwas ist im Kommen 246
In der undurchsichtigen Region des Morgens 247
Der Tag ist eine Straßenbahn 248

aus: HIER WOHNT KEINER (2003)

Die Stadt ist ein Wald 249
Am Horizont 250
HIER WOHNT KEINER (I–VII) 251
Auf der anderen Seite der Straße 260
Sag mir nicht 261
Soweit das Auge reicht 262
ICH KÜSSE DIE AUGEN DER VÖGEL (I–VII) 263
Damit ihr es wisst 272
Eine vom Regen zerfetzte Sonne 273
Was wollte ich sagen 274
Ich stürze nicht gleich in die Seine 275
Die Sonne ist mir entglitten 276
Wieder gehe ich 277
Wie schön der Tag 278
Der Kronleuchter ist im Wald 279
Ich weiß nicht 280
Dem Sommer fallen die Blumen 280

Ich bin kein Hamlet 281
Hör zu, Tod 281
Ich öffne die Augen nur halb 282
Augen, der Faltenwurf ihrer Schatten 282
Die Straßen hasten 283
Auch mir macht die Erinnerung zu schaffen 283
Immer, wenn ich versuche zu leben 284
Ich klettere aus dem Bett 284
Mit der Dichtkunst ist das so 285

aus: OFFENES GEWÄSSER (2005)

NOCTURNO (I–VIII) 287
Das Meer klammert sich 297
Man hat mich gewarnt 298
Der Hafen zieht sich 299
Die Toten kriechen unter den Steinen hervor 300
Die Sonne reißt sich los 301
In Ausübung meines poetischen Dienstes 302
Genesis 303
Ein Blatt 304
Mitten auf dem schönsten Platz 304
Sie fanden ein Gewitter 305
Der Schmerz 305
Ich schreie nicht Mordio 306
Es gibt Bäume in Lissabon 307
Bitte verzeiht 308
DIE KANONEN VON SEWASTOPOL (I+II+III+IX+X) 309

aus: AN DIESEM SCHÖNEN TODESTAG IM MAI (2006)

Holzweg II 316
KOMM, GROSSER WIND, WEHE (I–III) 317

IV AUS DEN VORWORTEN

Vorwort zu DIE SCHÖNE GÄRTNERIN 325
Vorwort zu VOM LEBEN BESIEGT 327
Vorwort zu NAMENLOSES GEHÖLZ 329
Vorwort zu DAS WEITE SUCHEN 330

V ANHANG

Anmerkungen der Herausgeber 332
Editorische Notiz 344
Jürgen Brôcan: Auf der Kriechspur der Worte 347
Zeittafel 361
Bibliografie 363
Inhaltsverzeichnis................................. 375